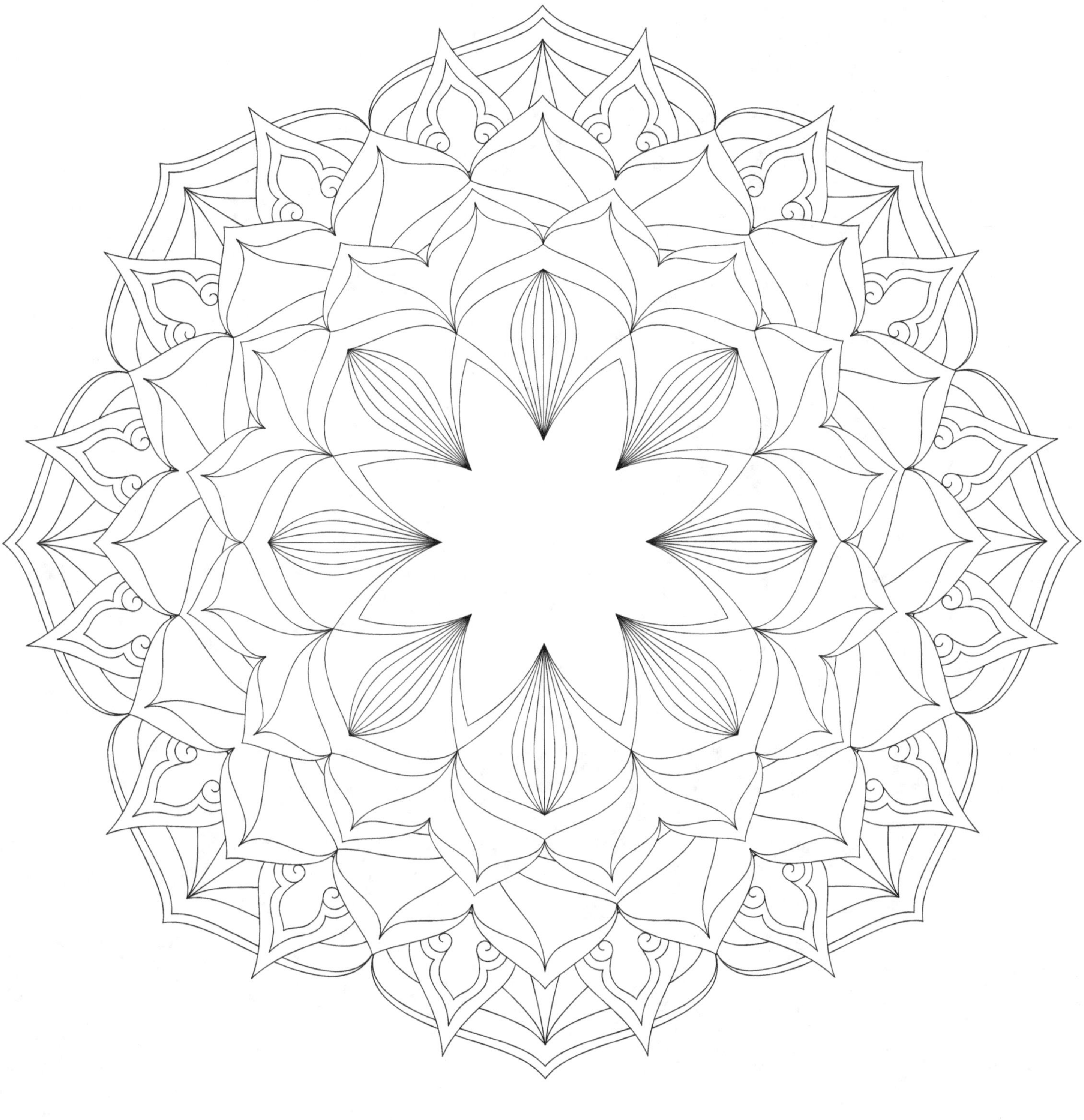

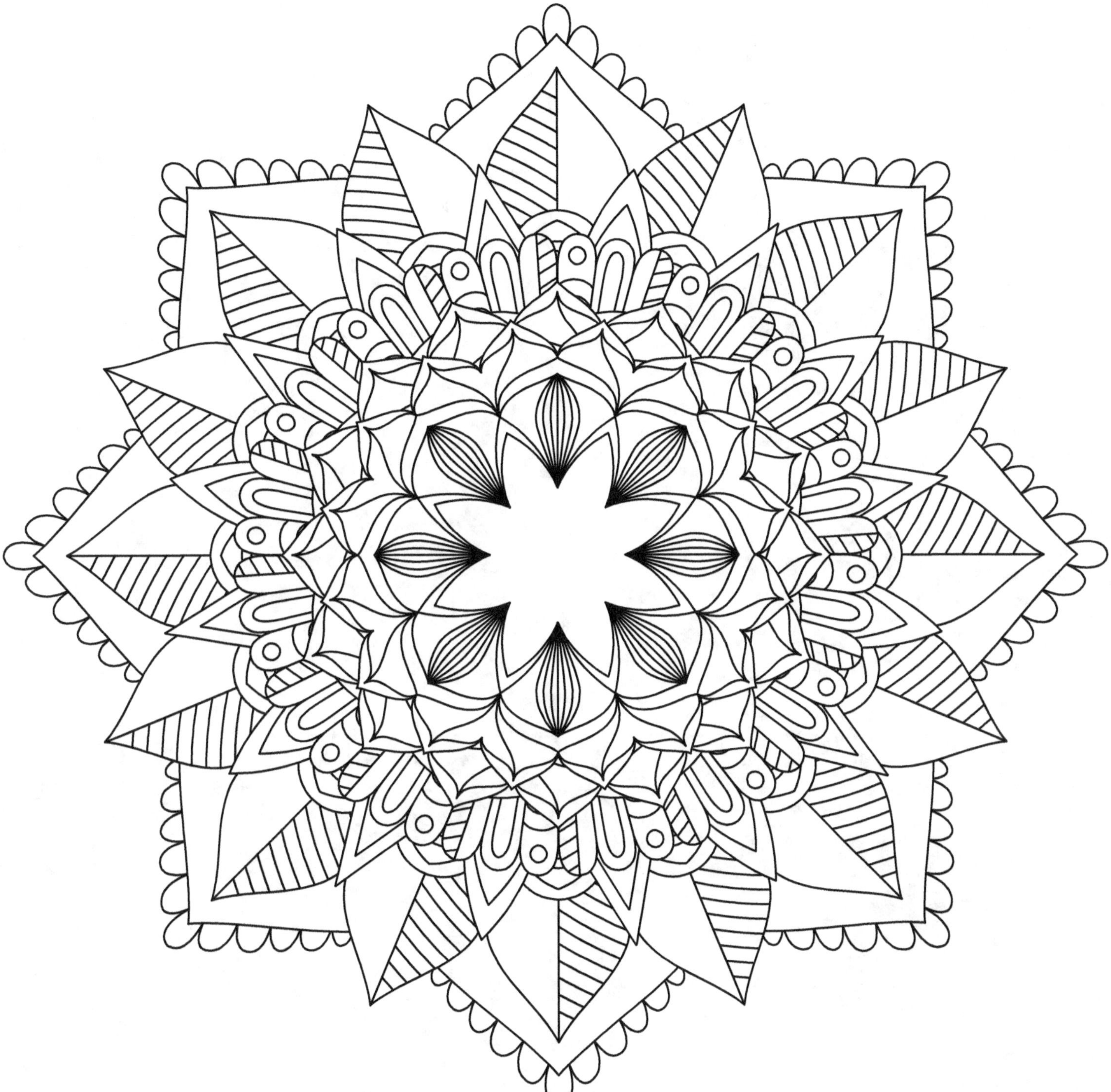

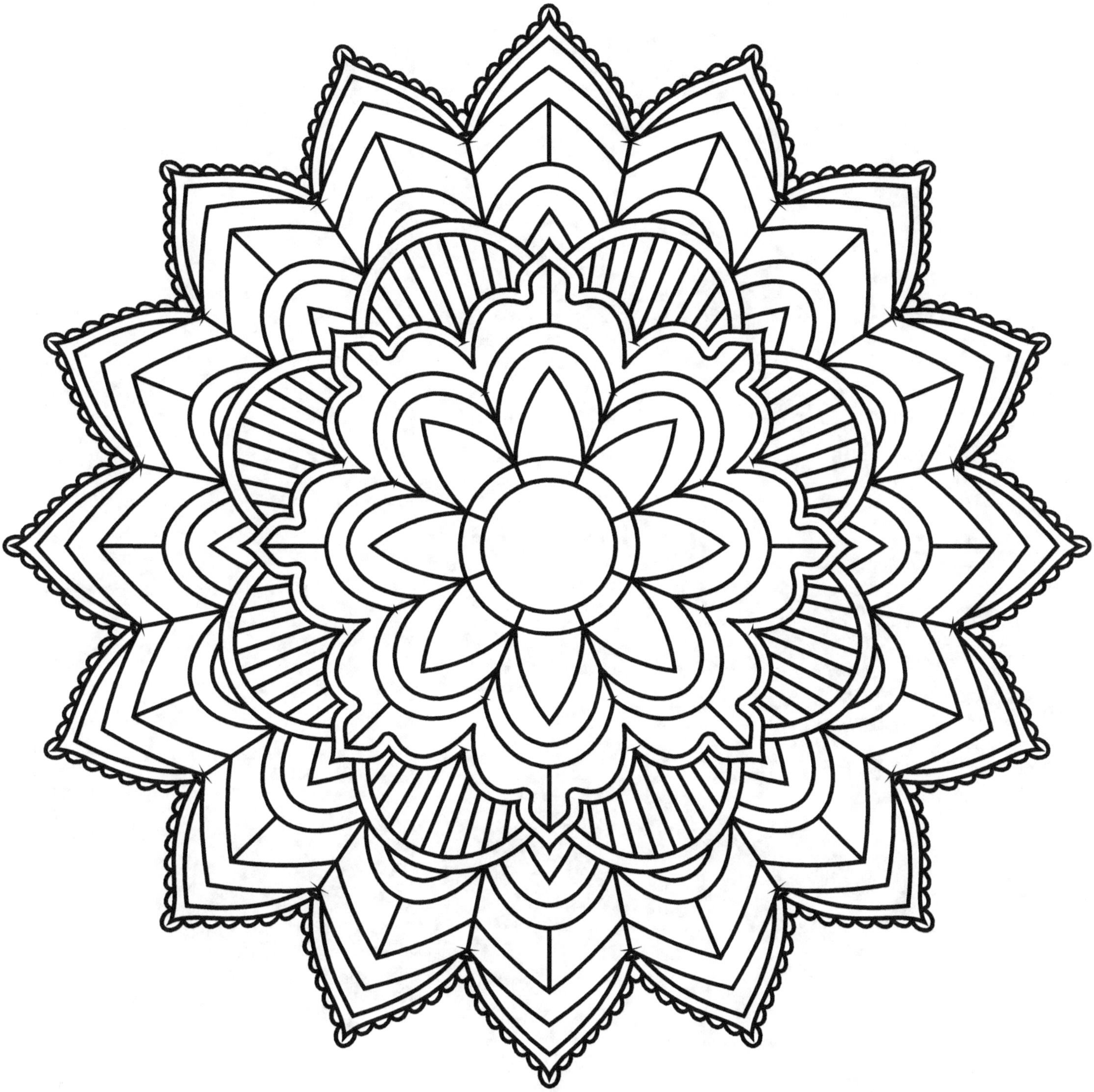

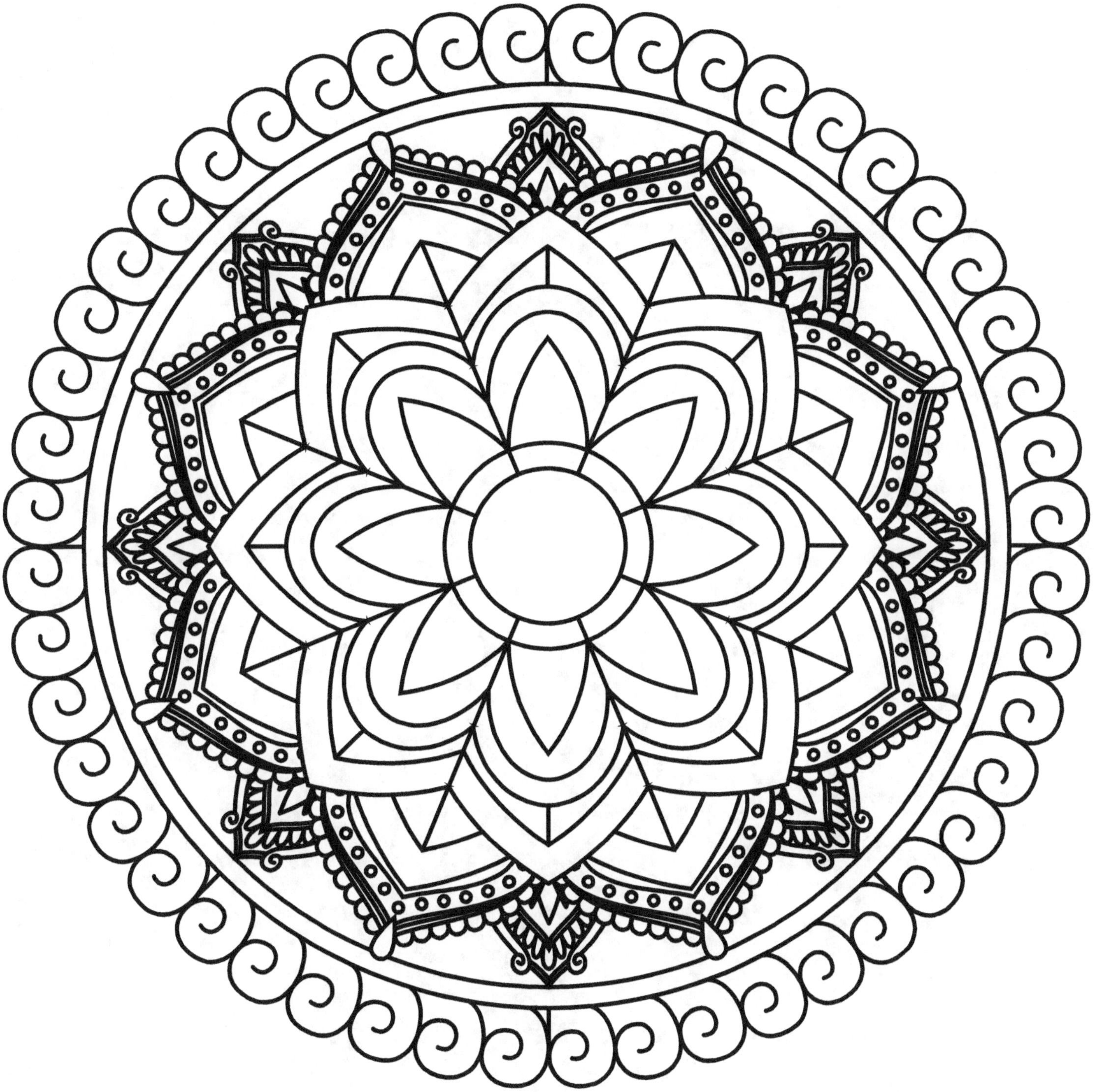

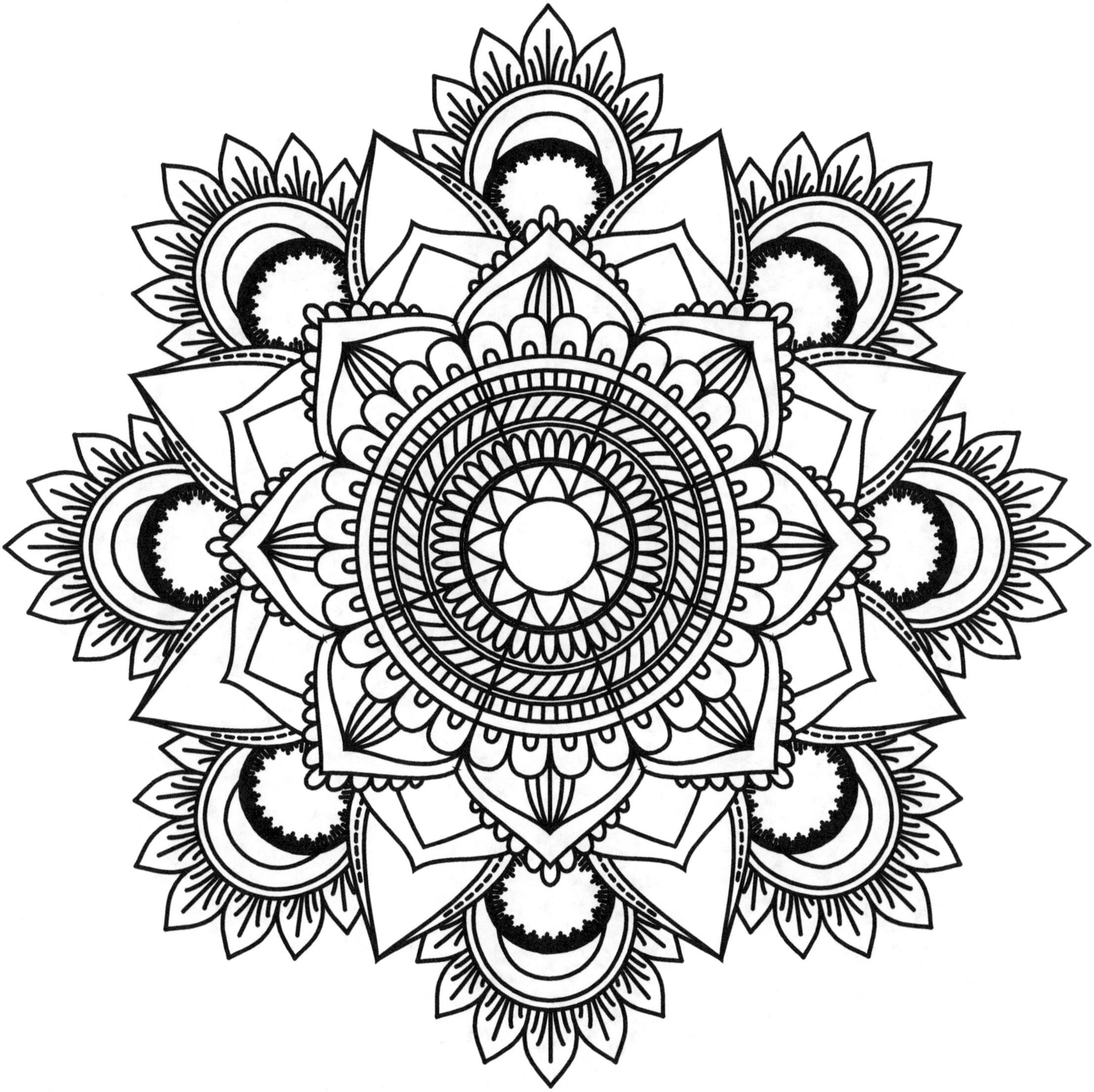

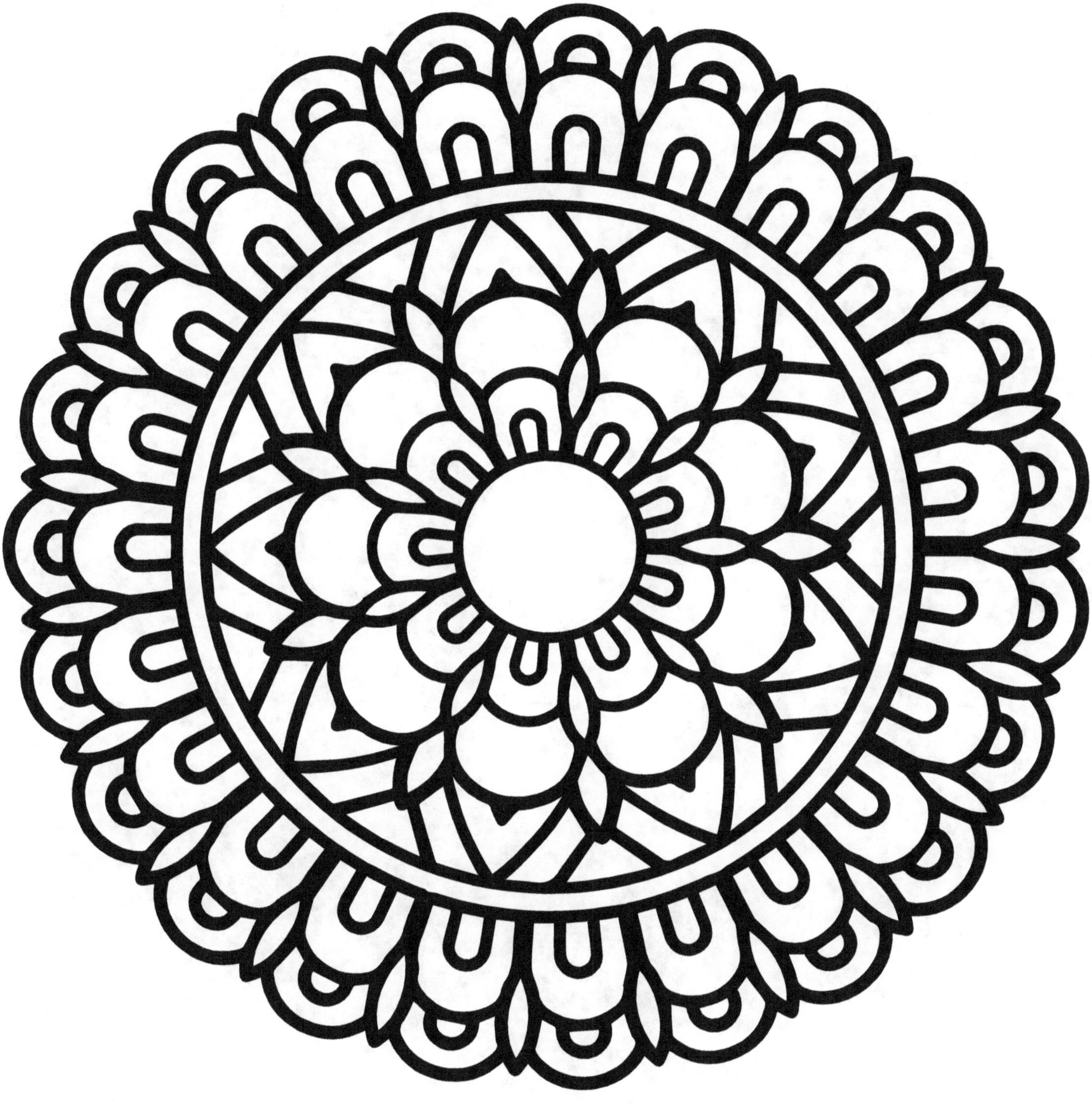

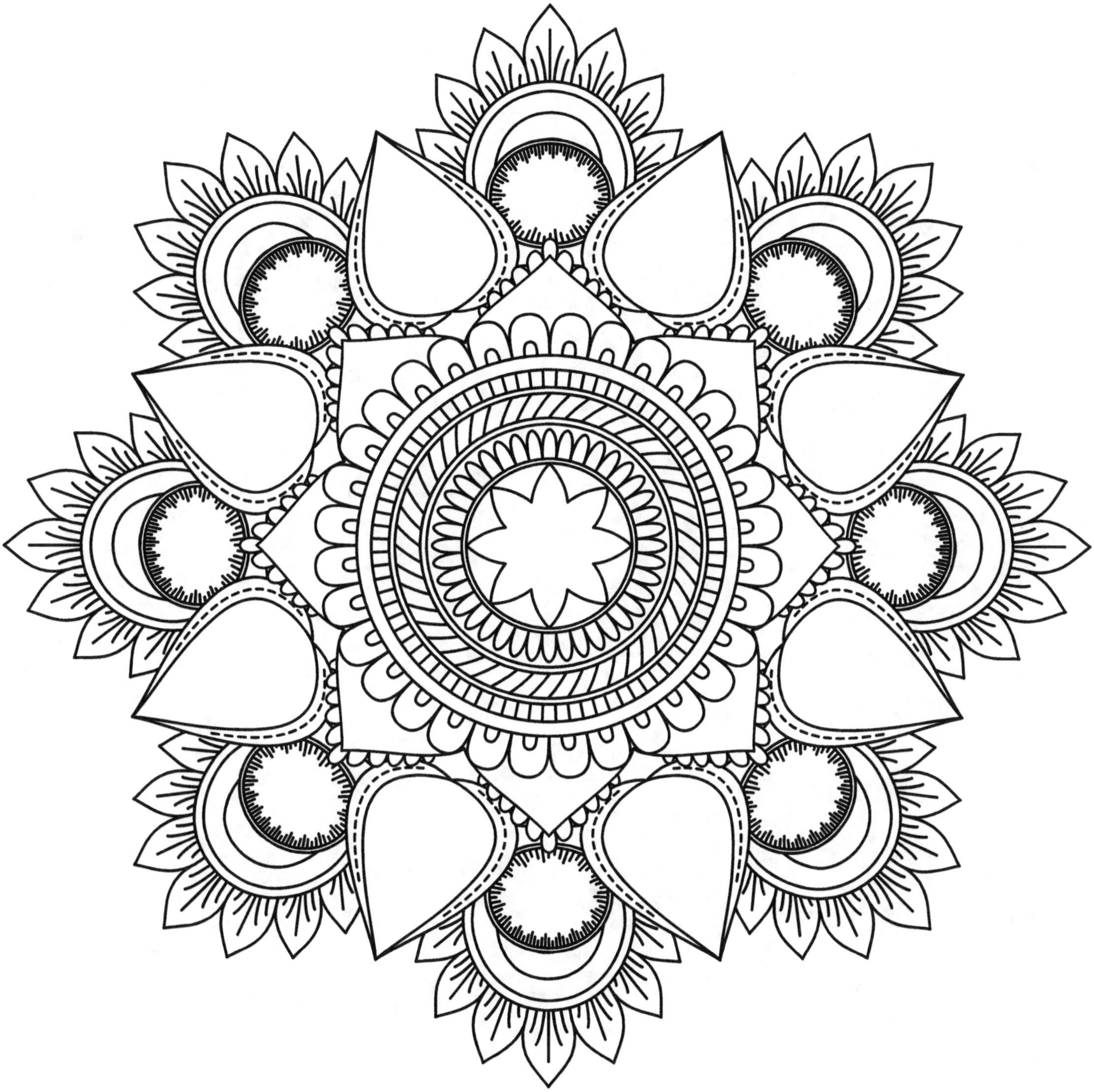

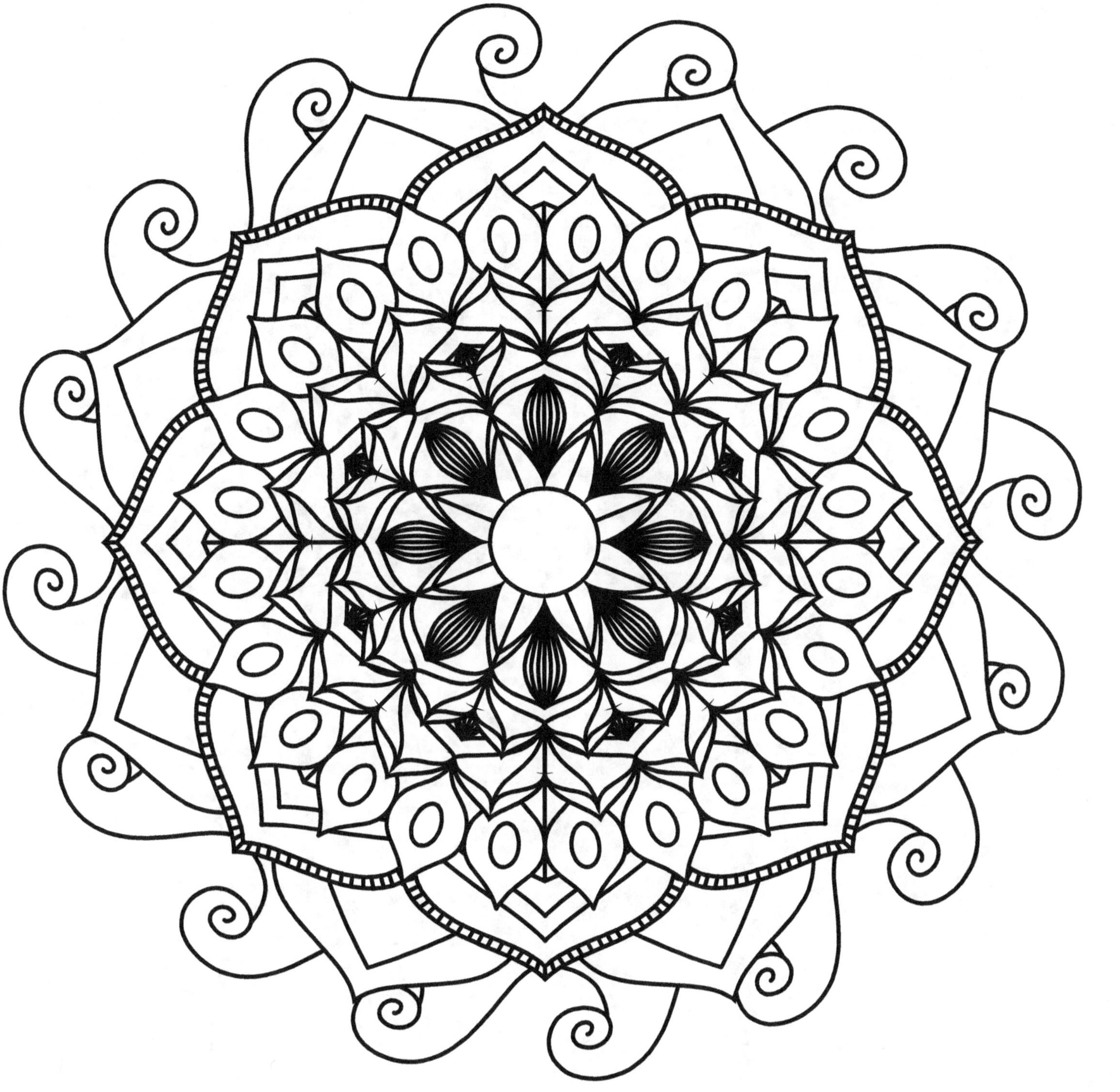

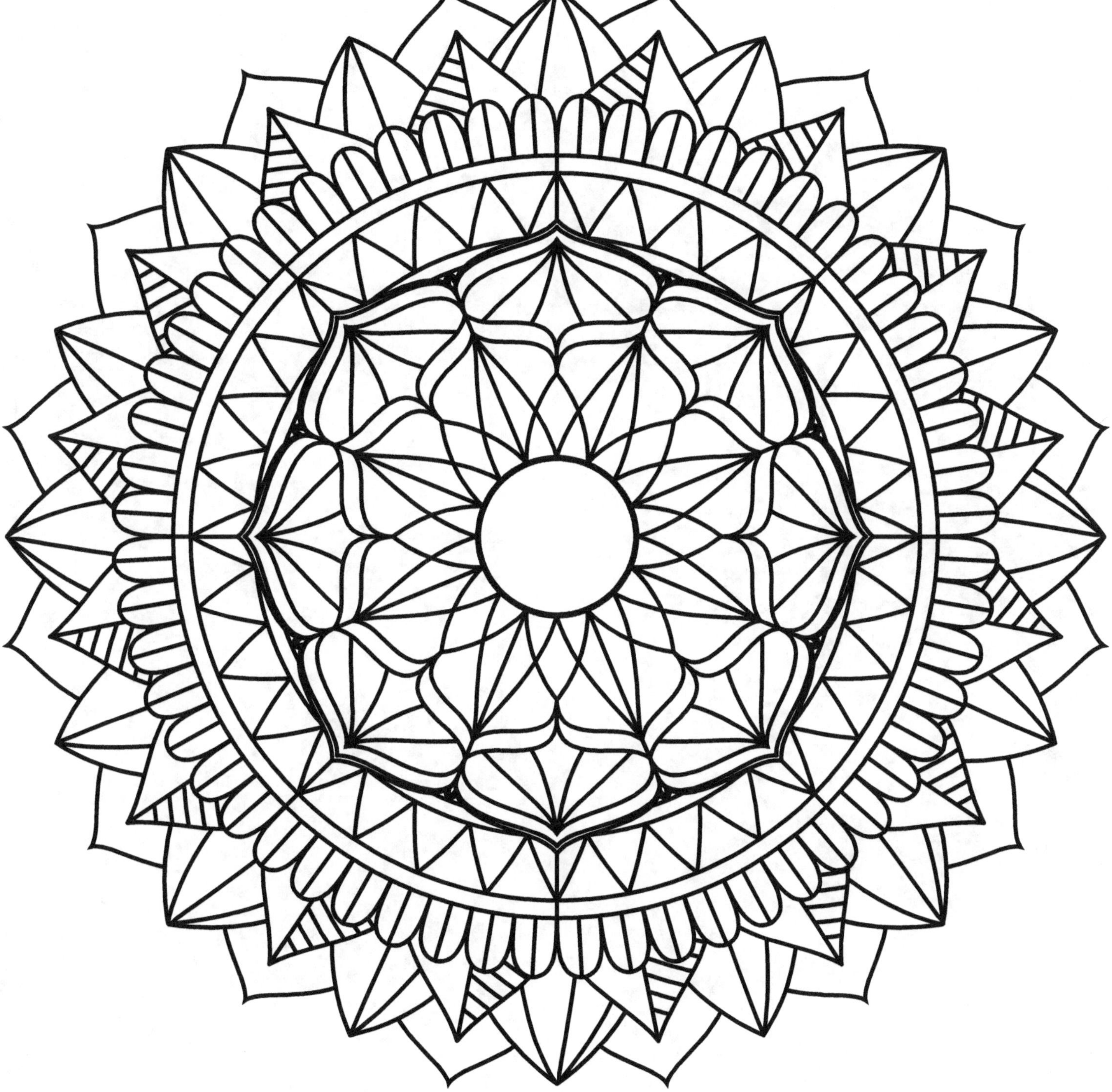

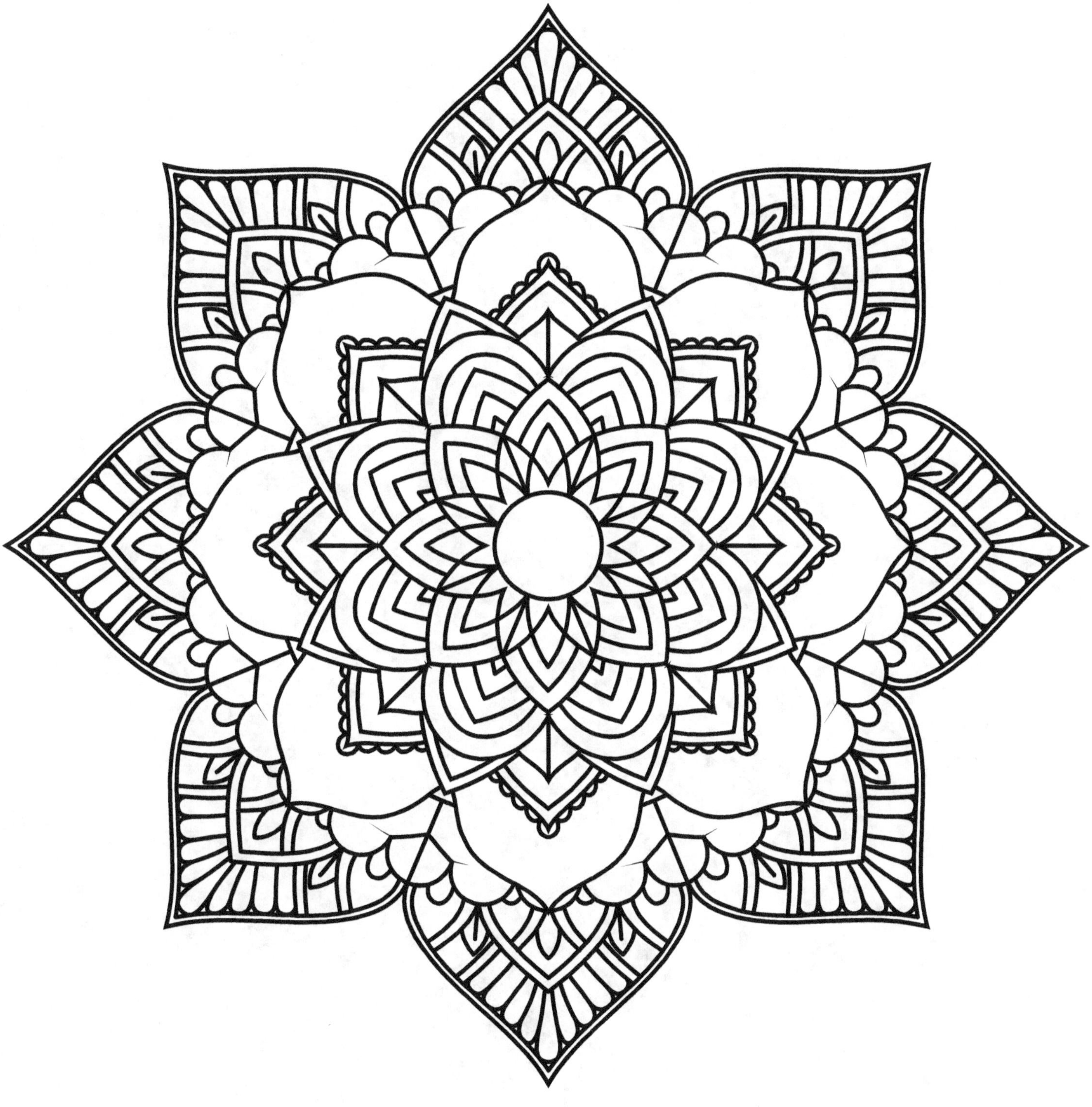

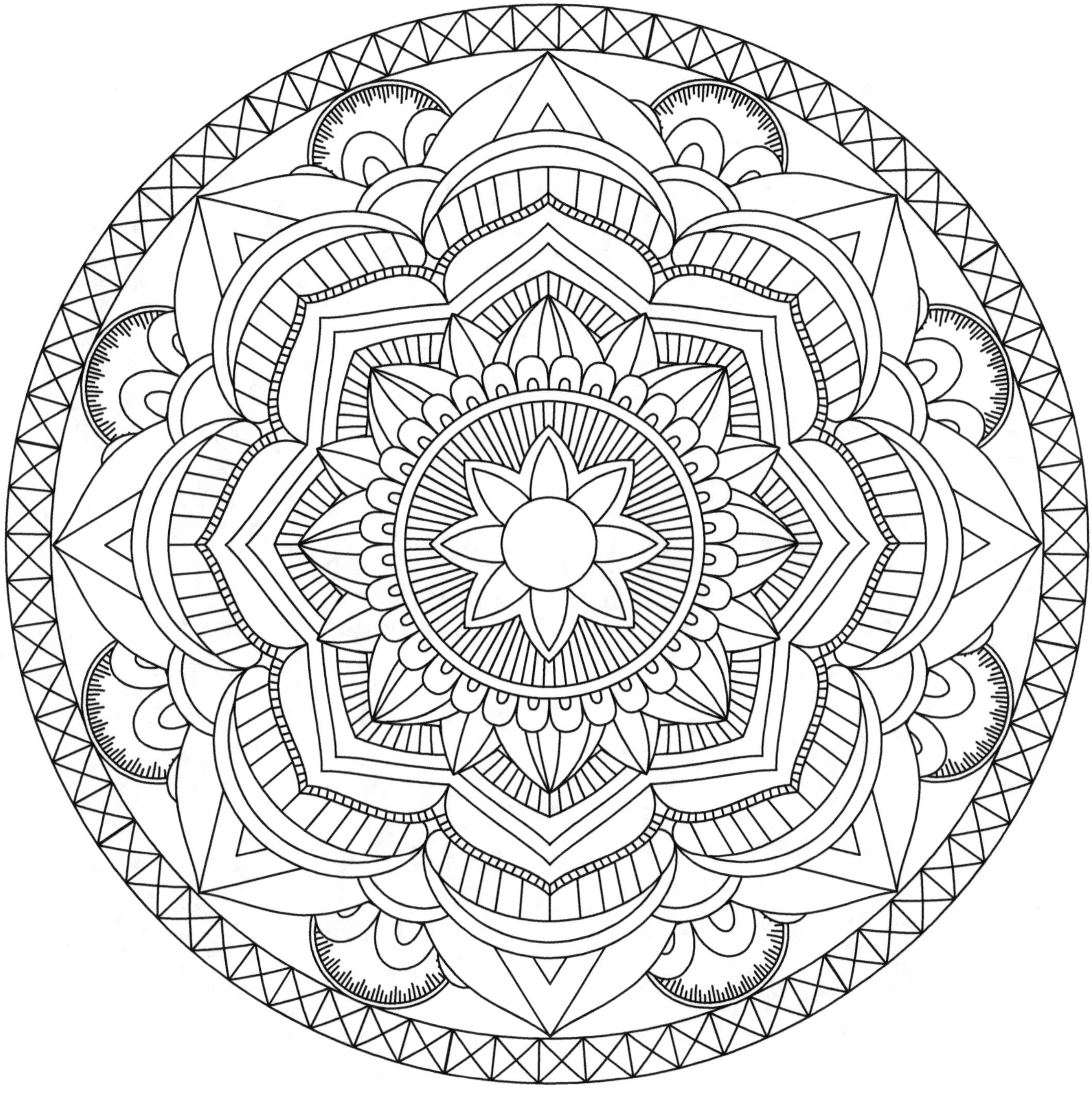

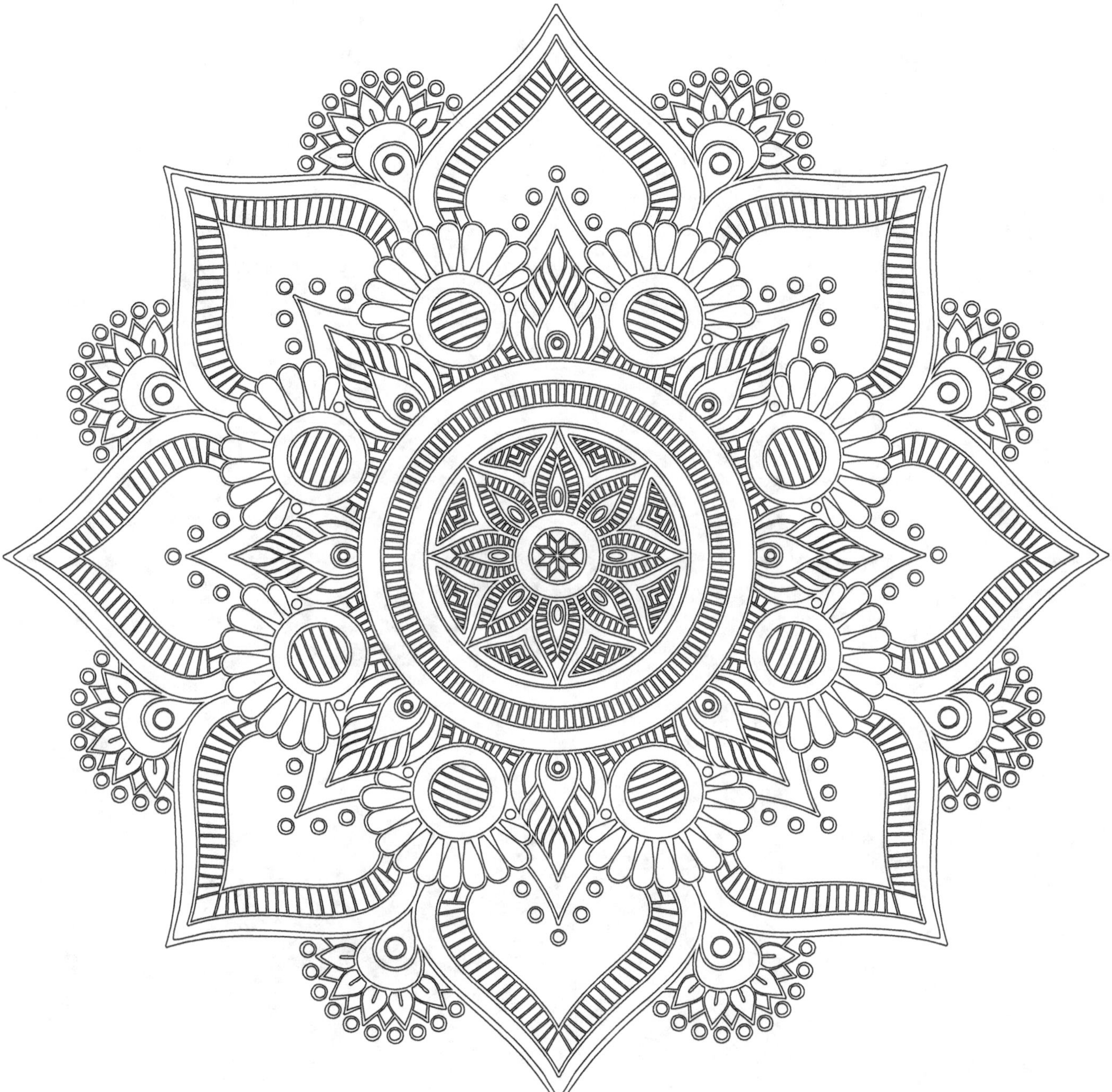

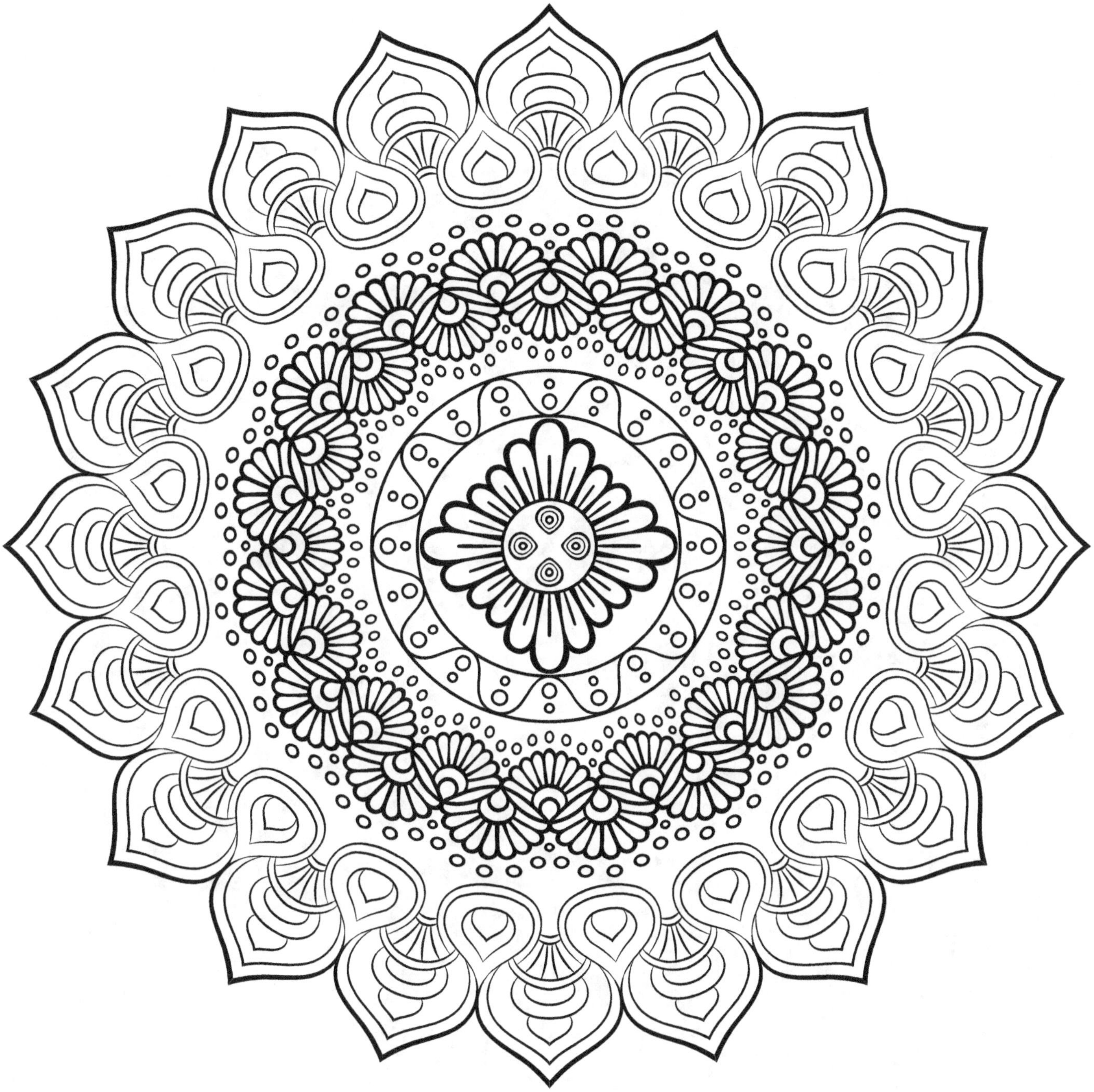

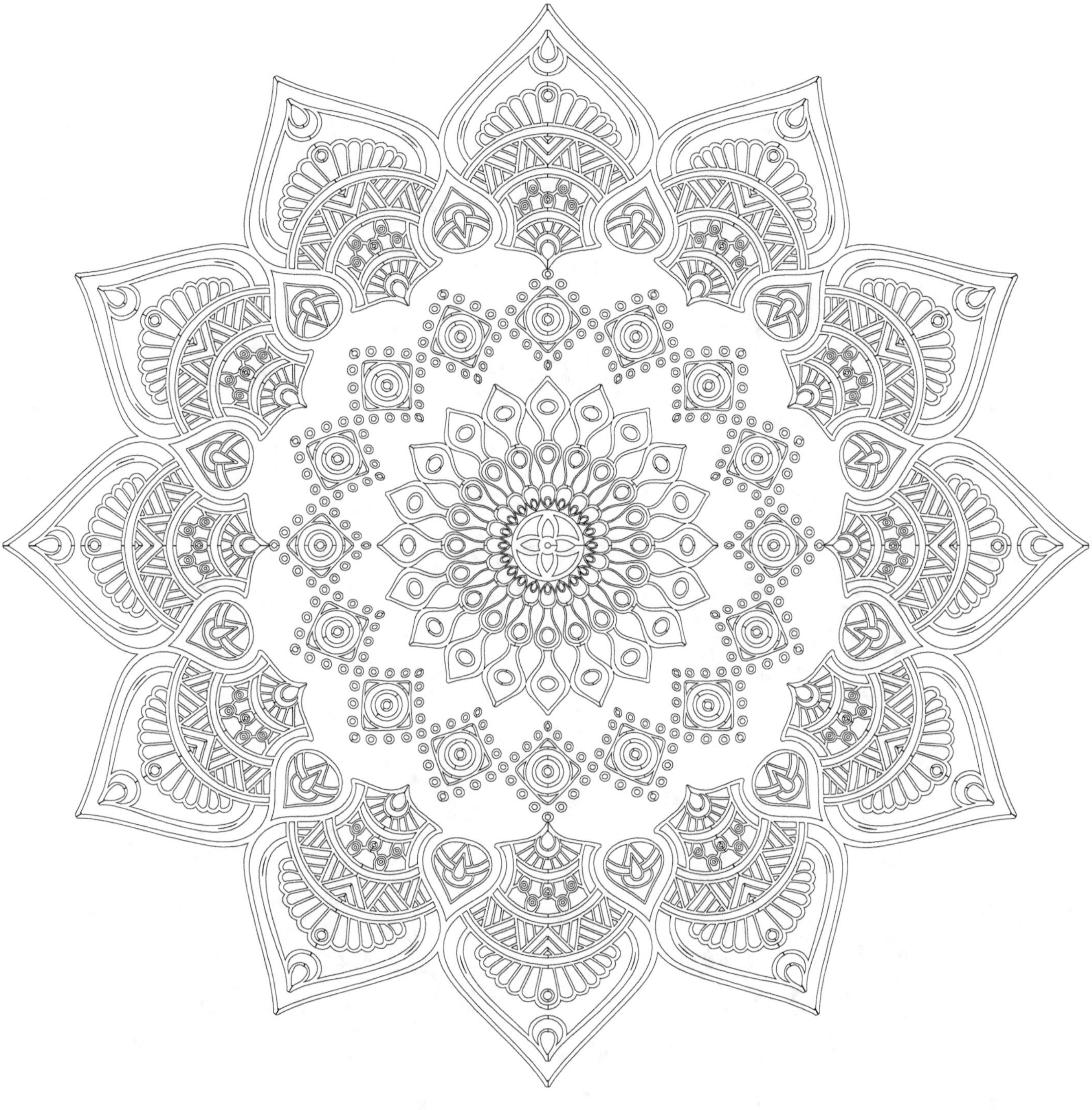

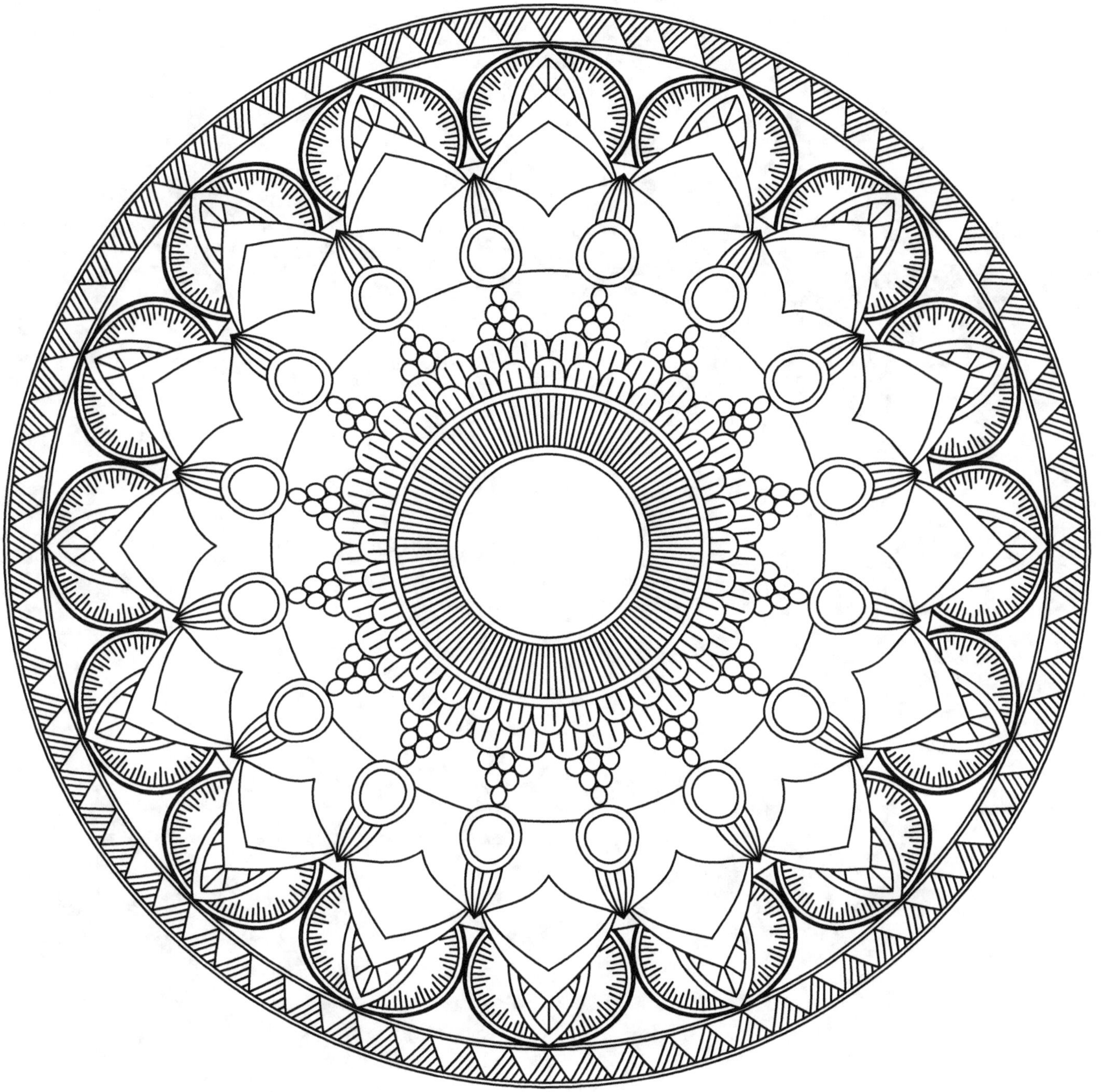

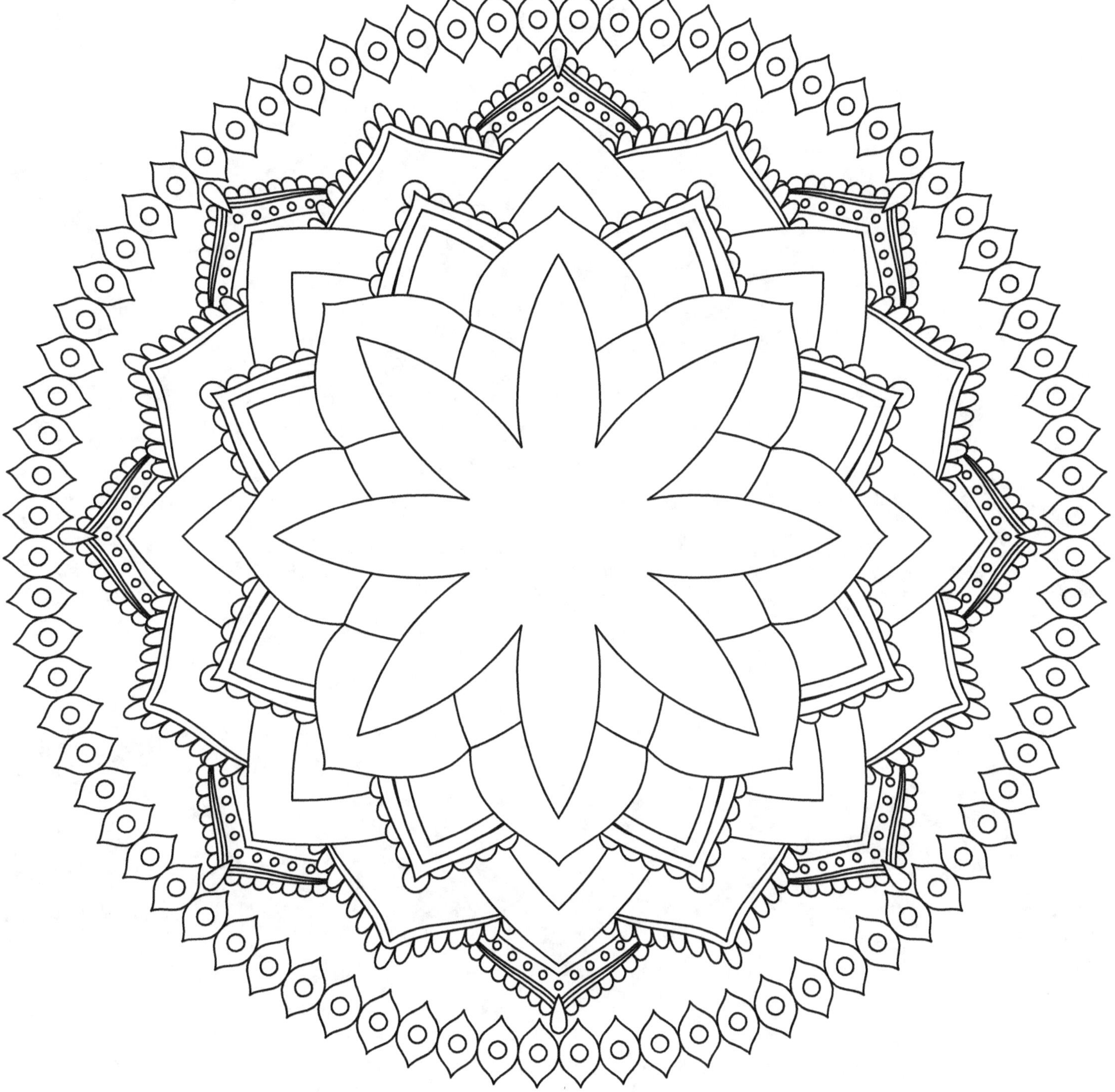

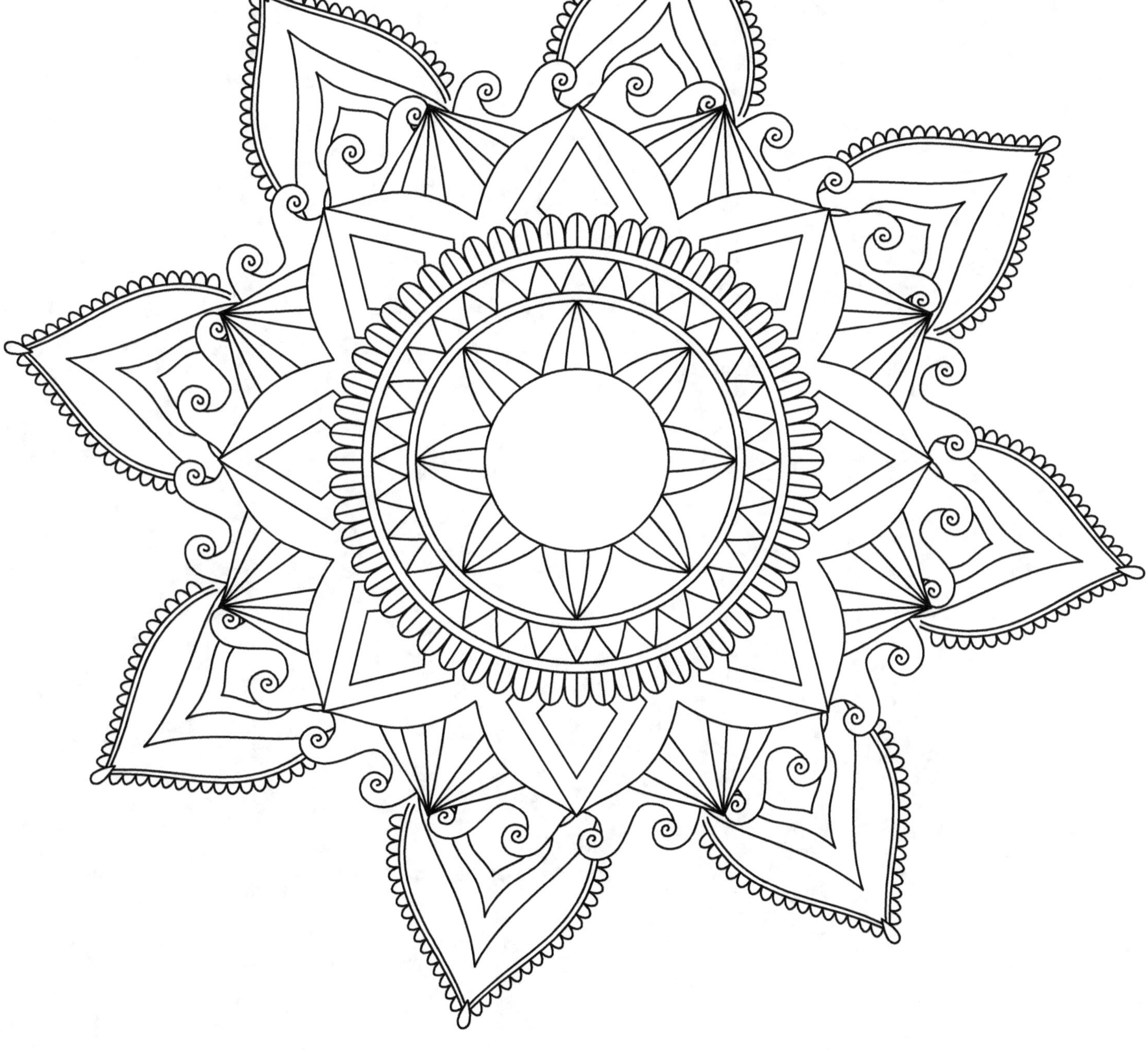

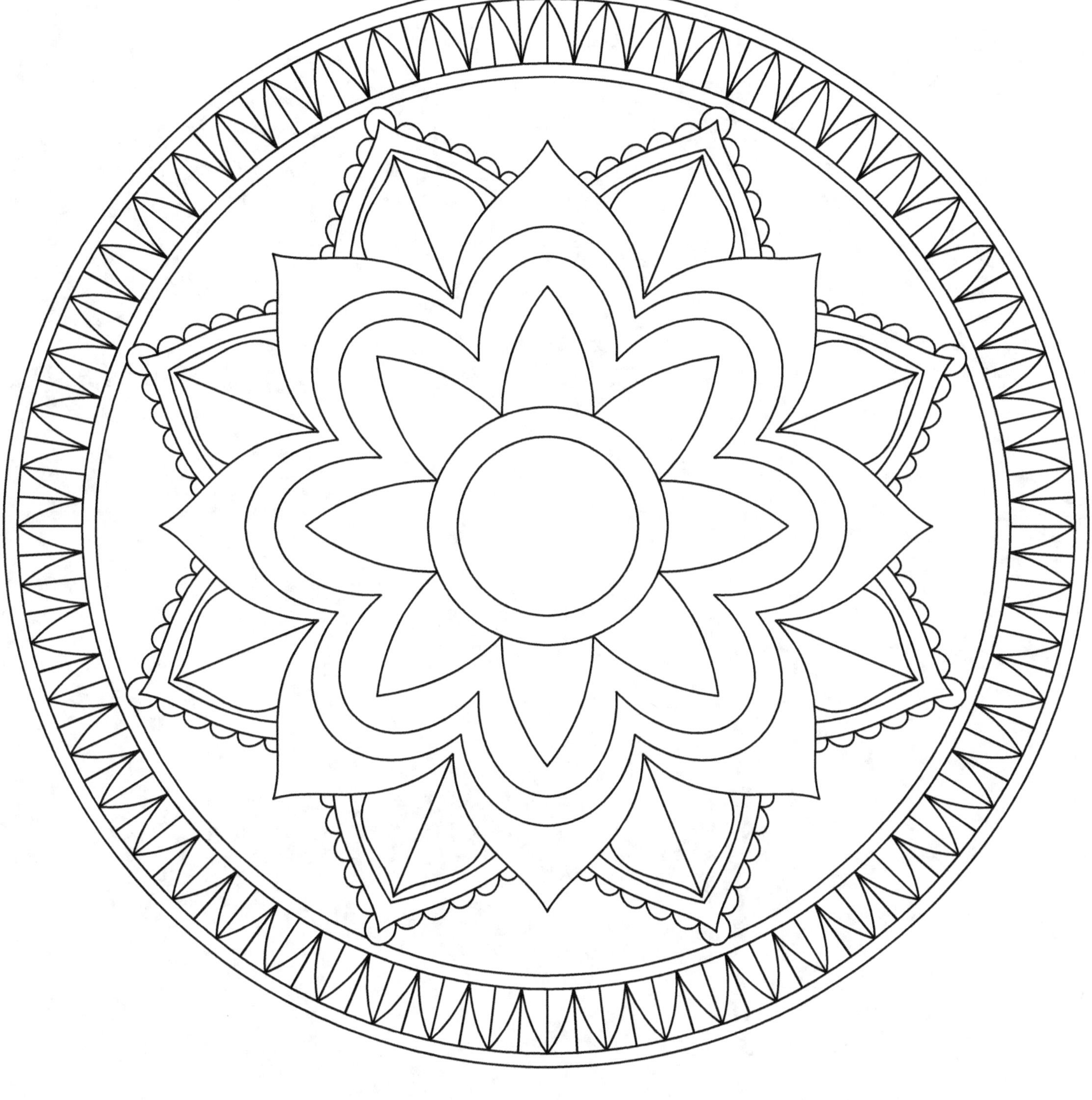

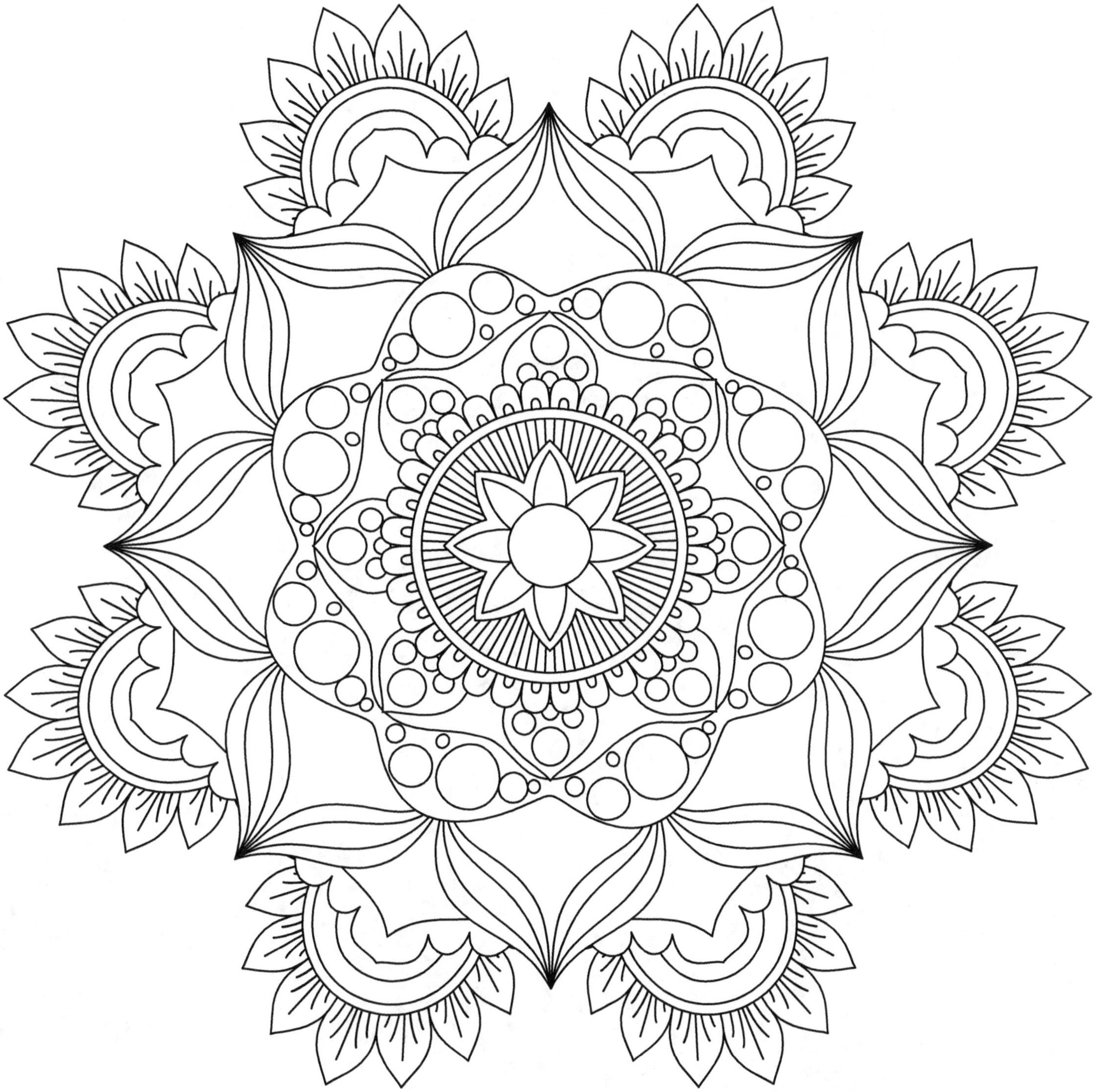

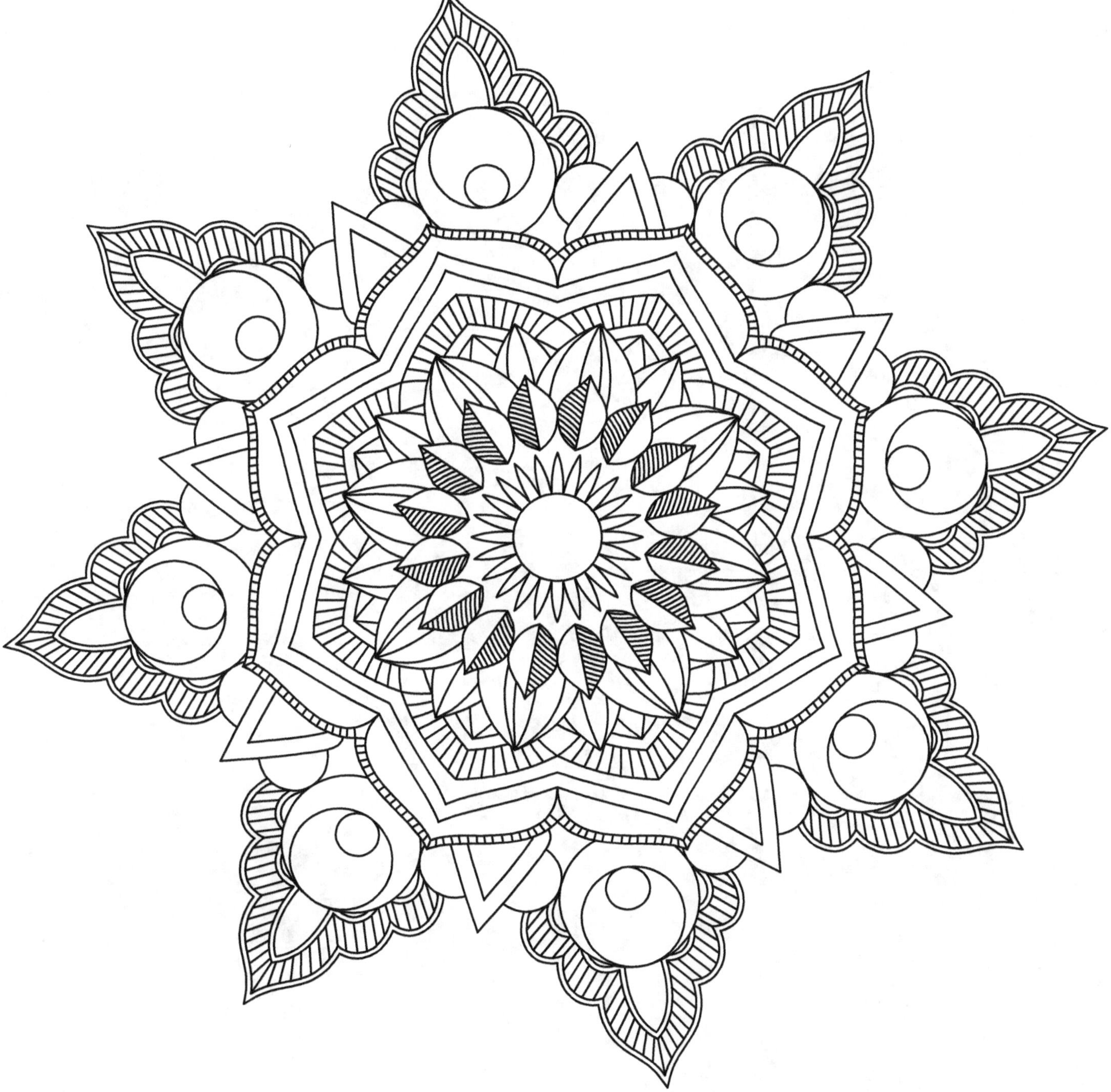

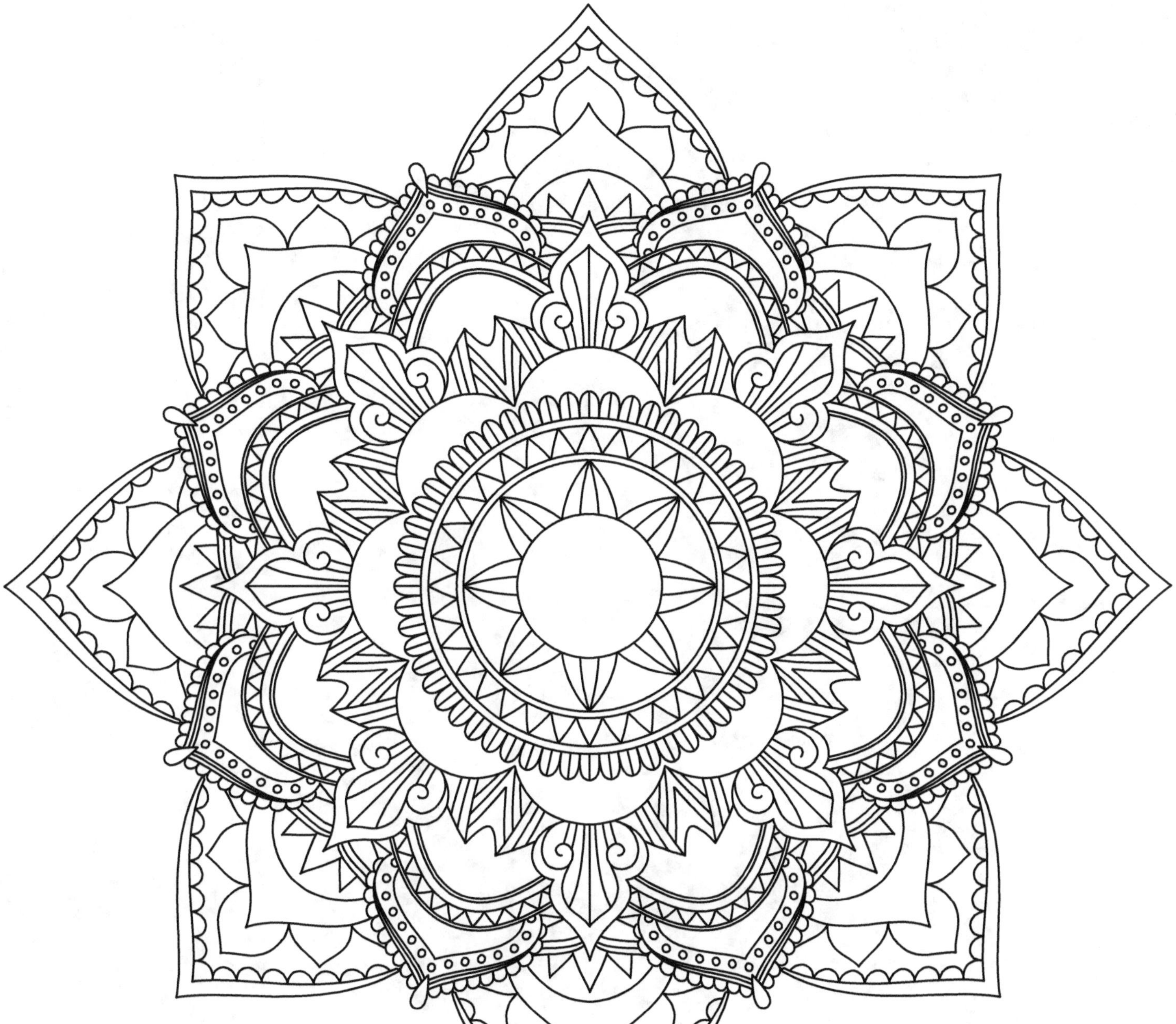

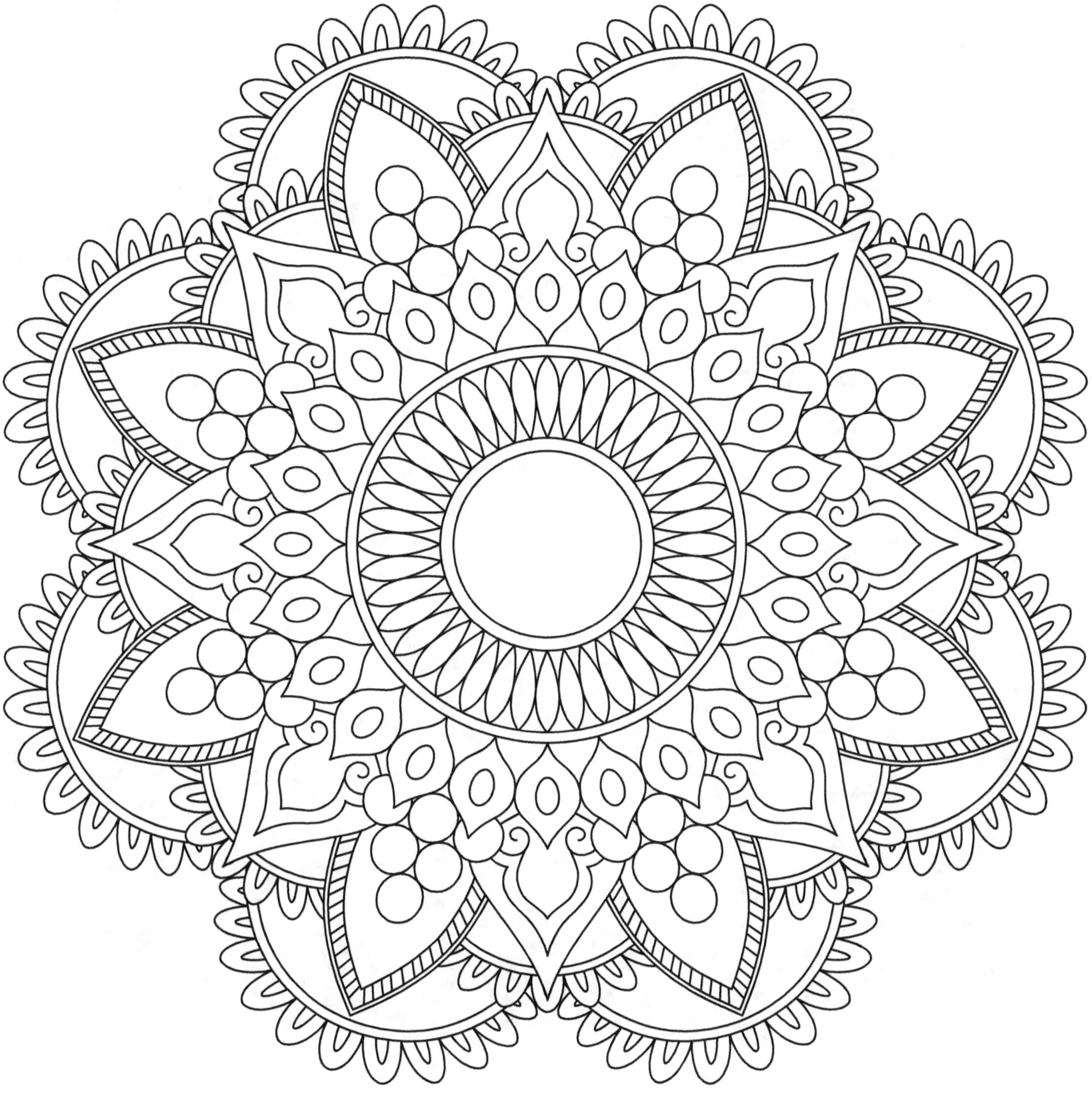

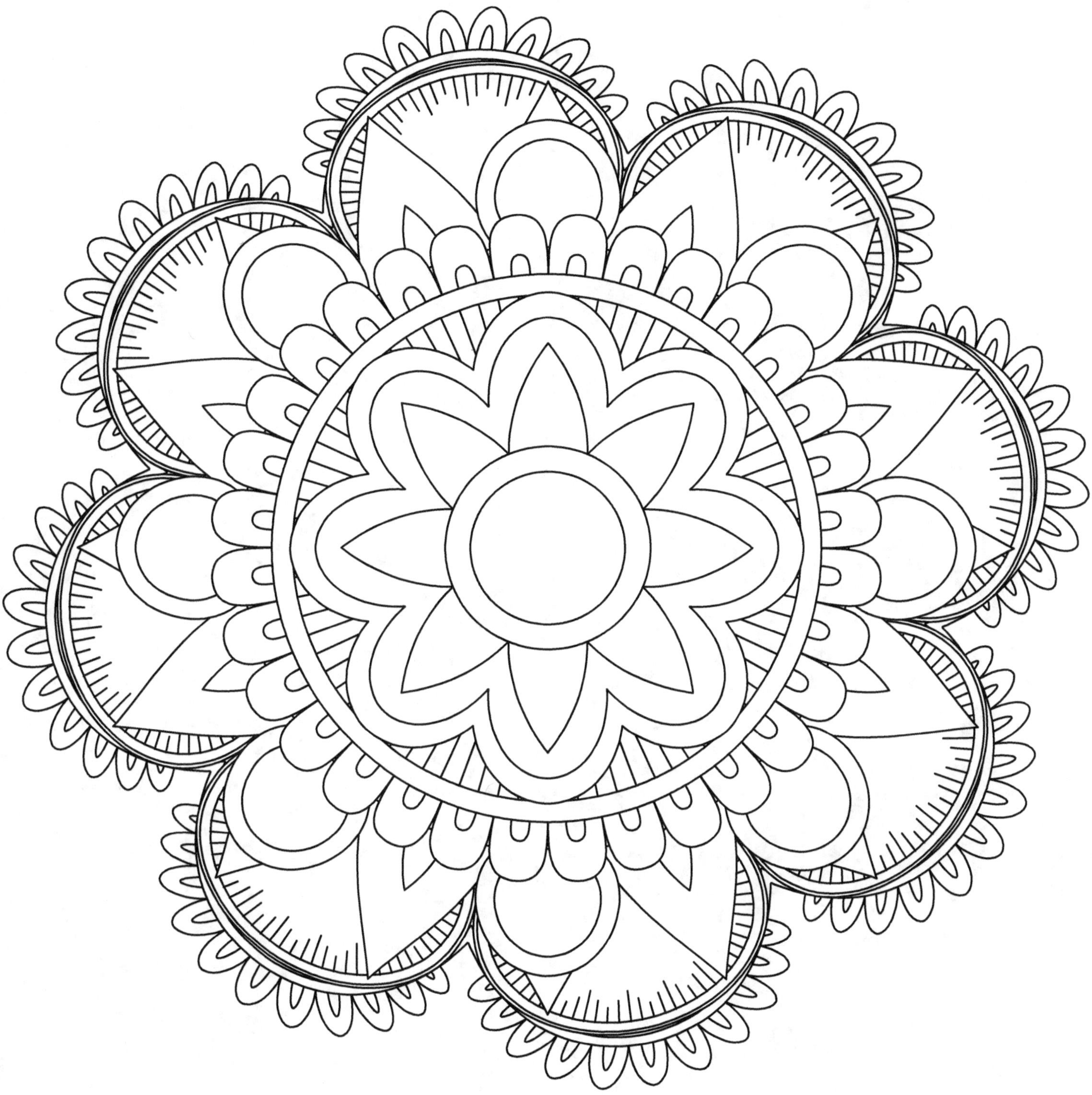

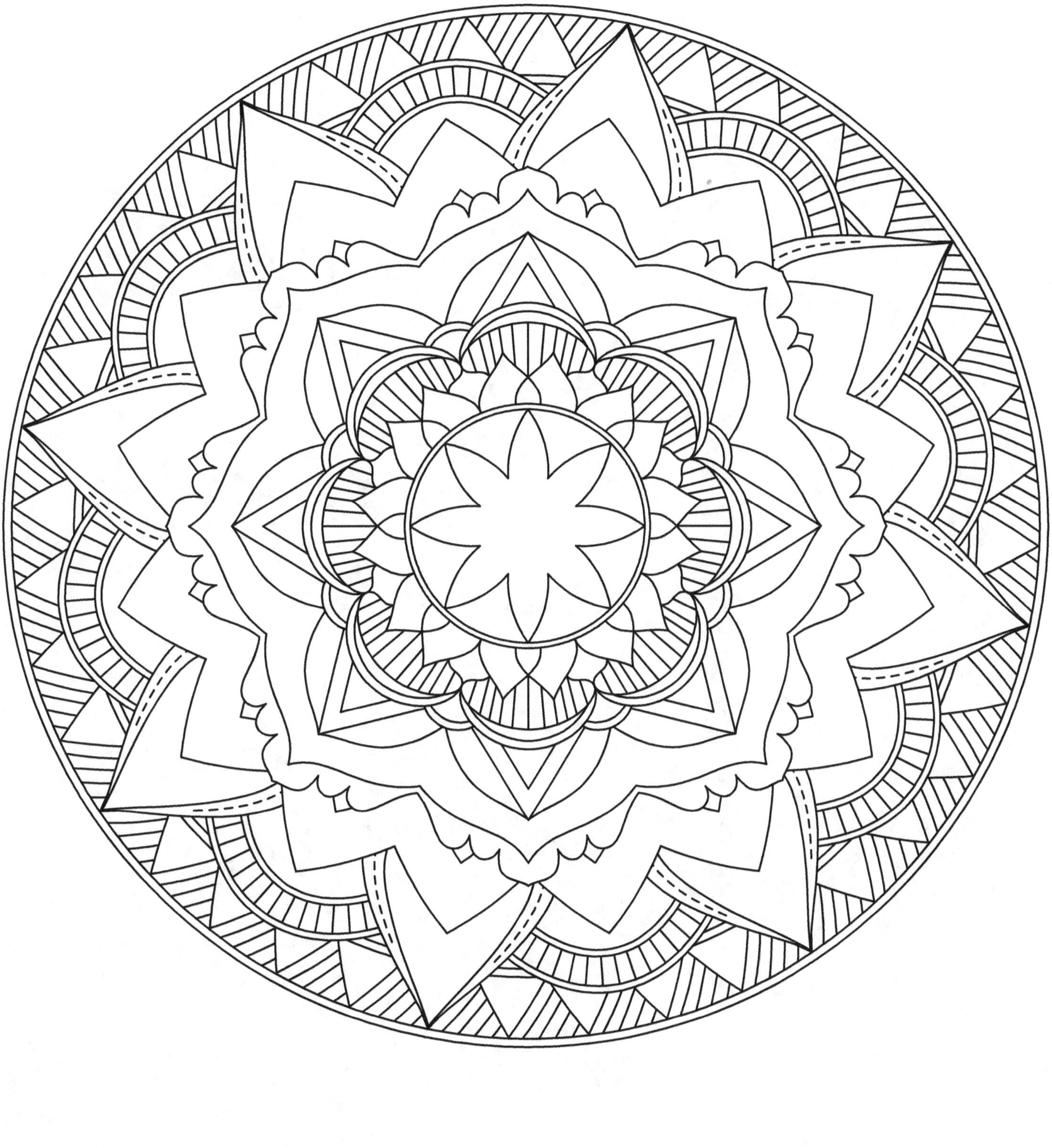

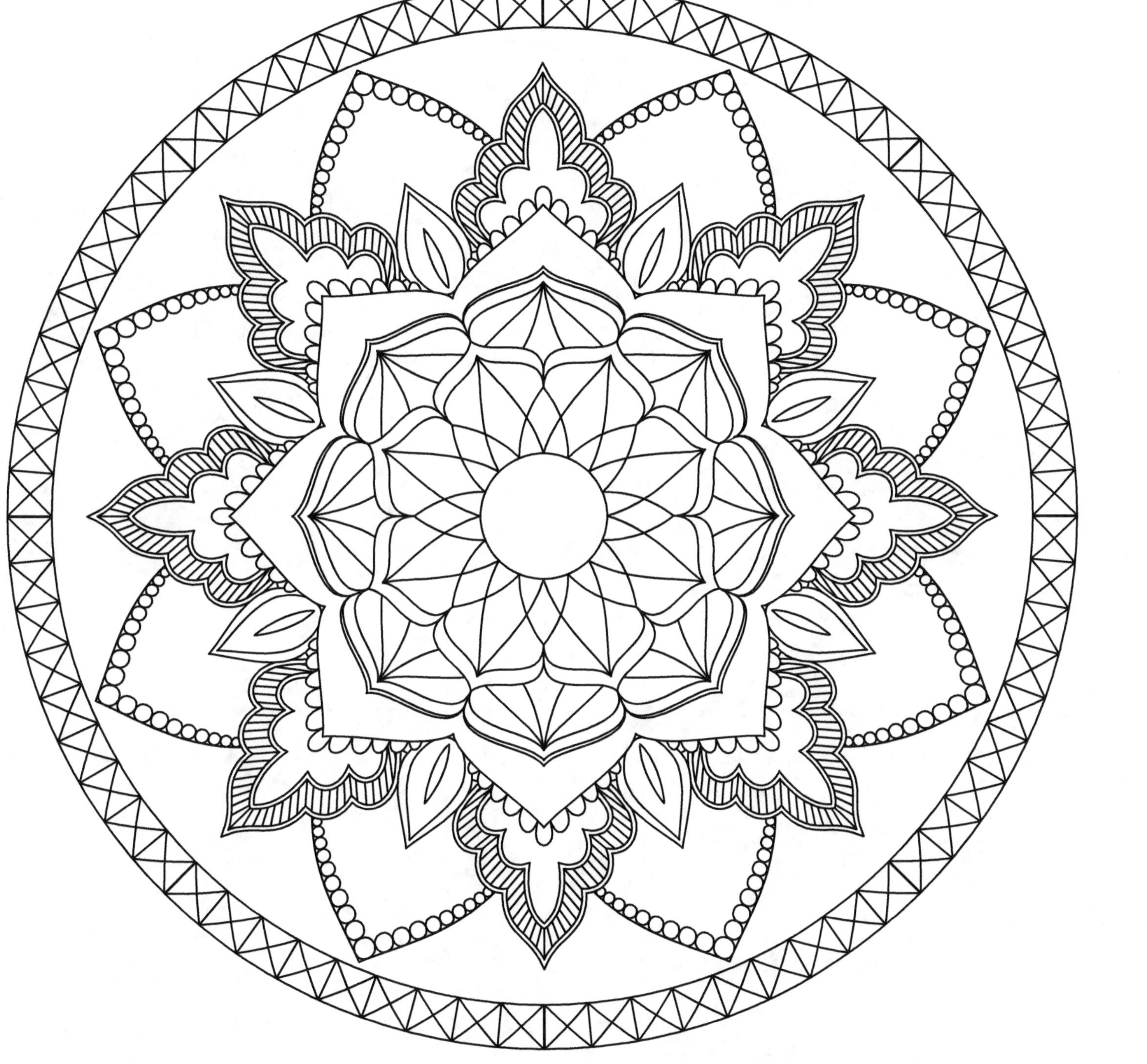

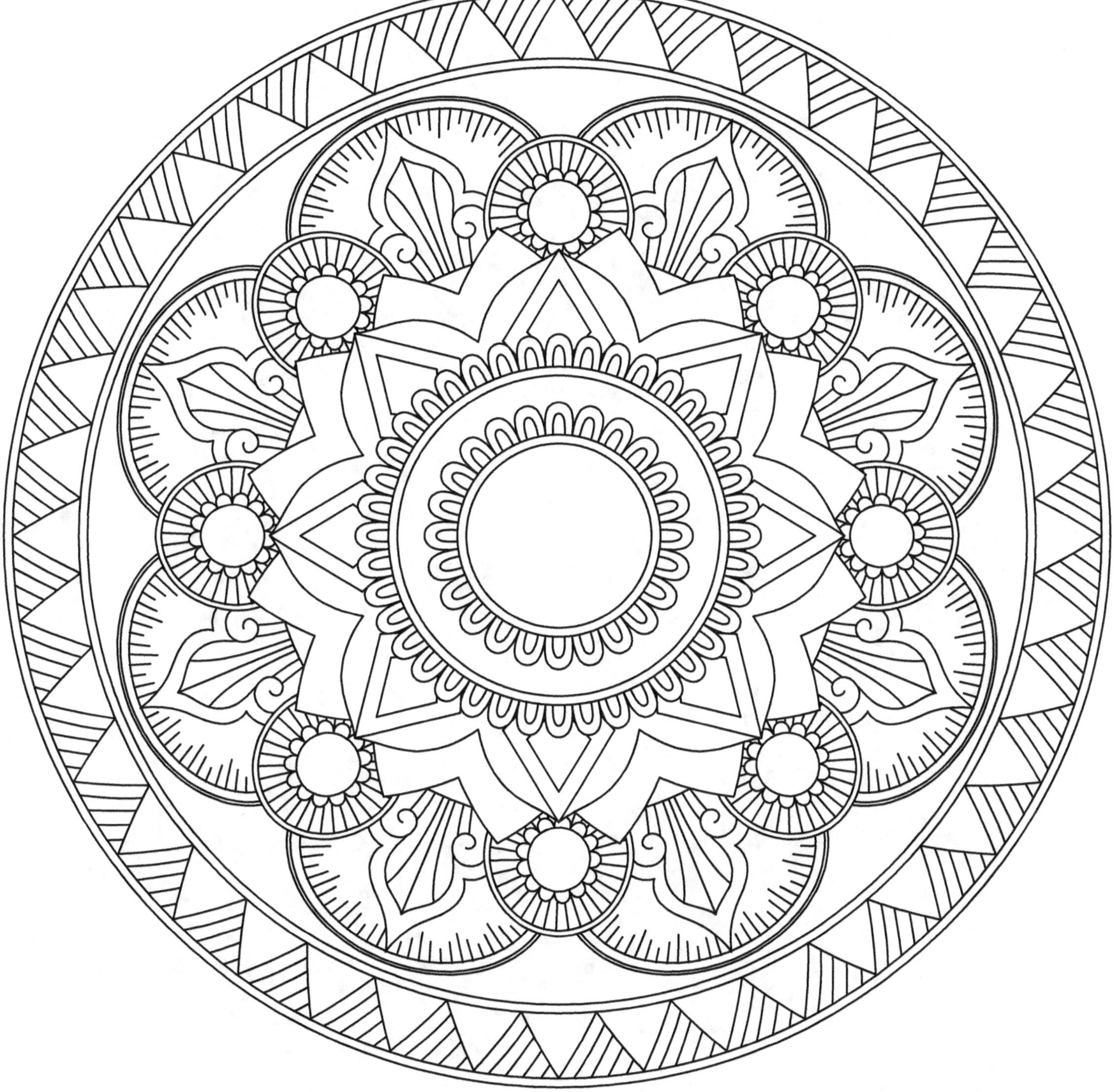

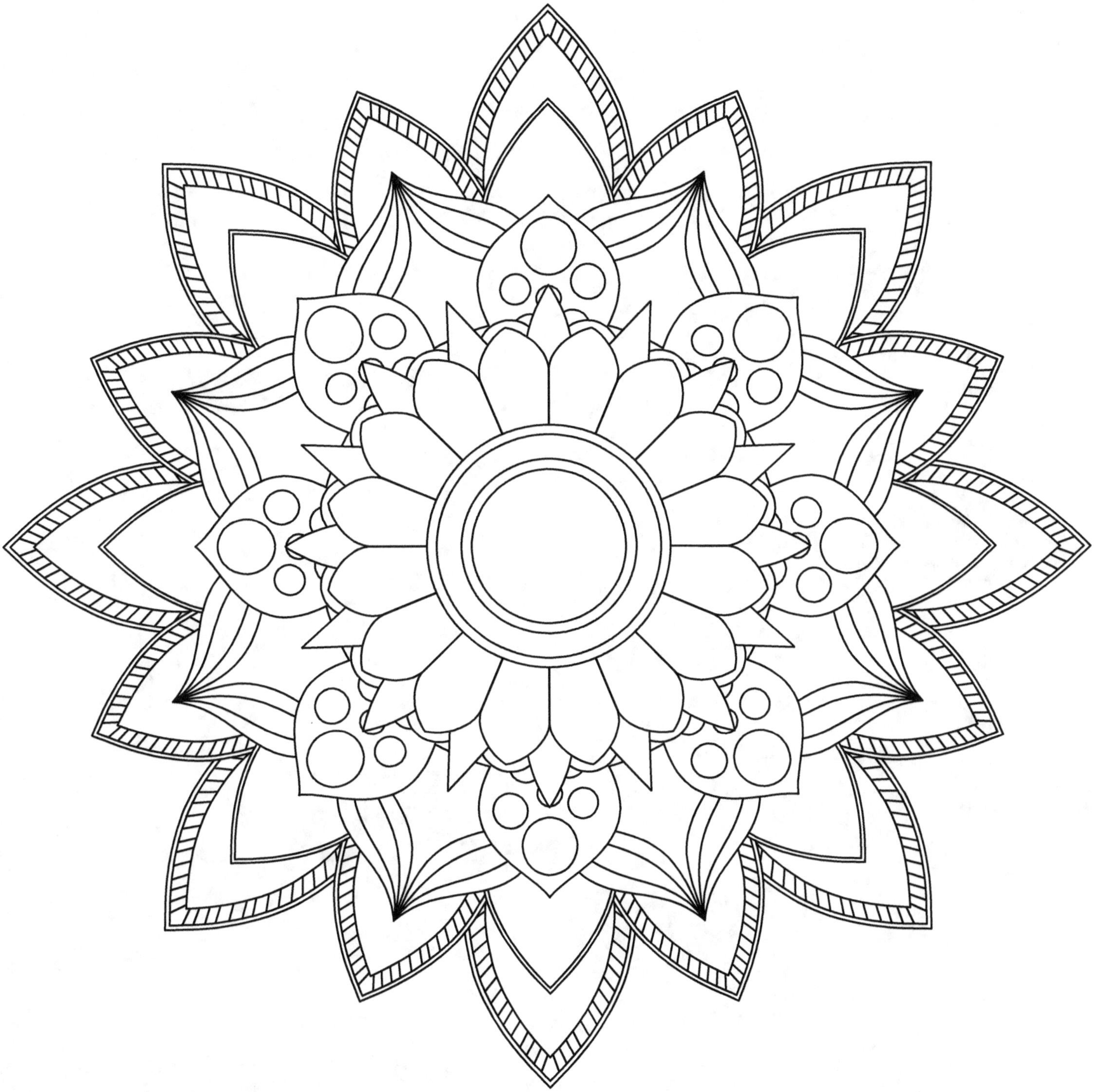

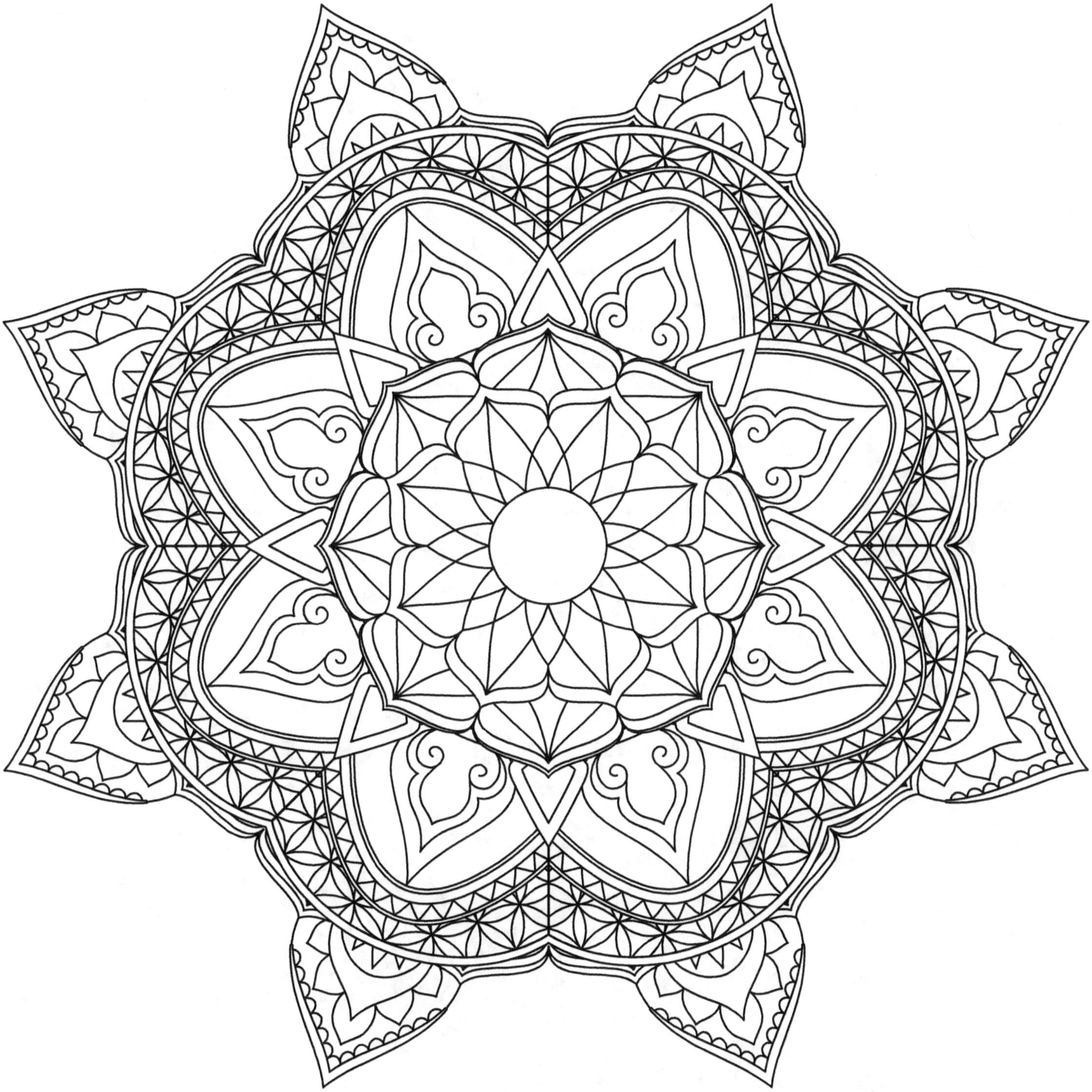

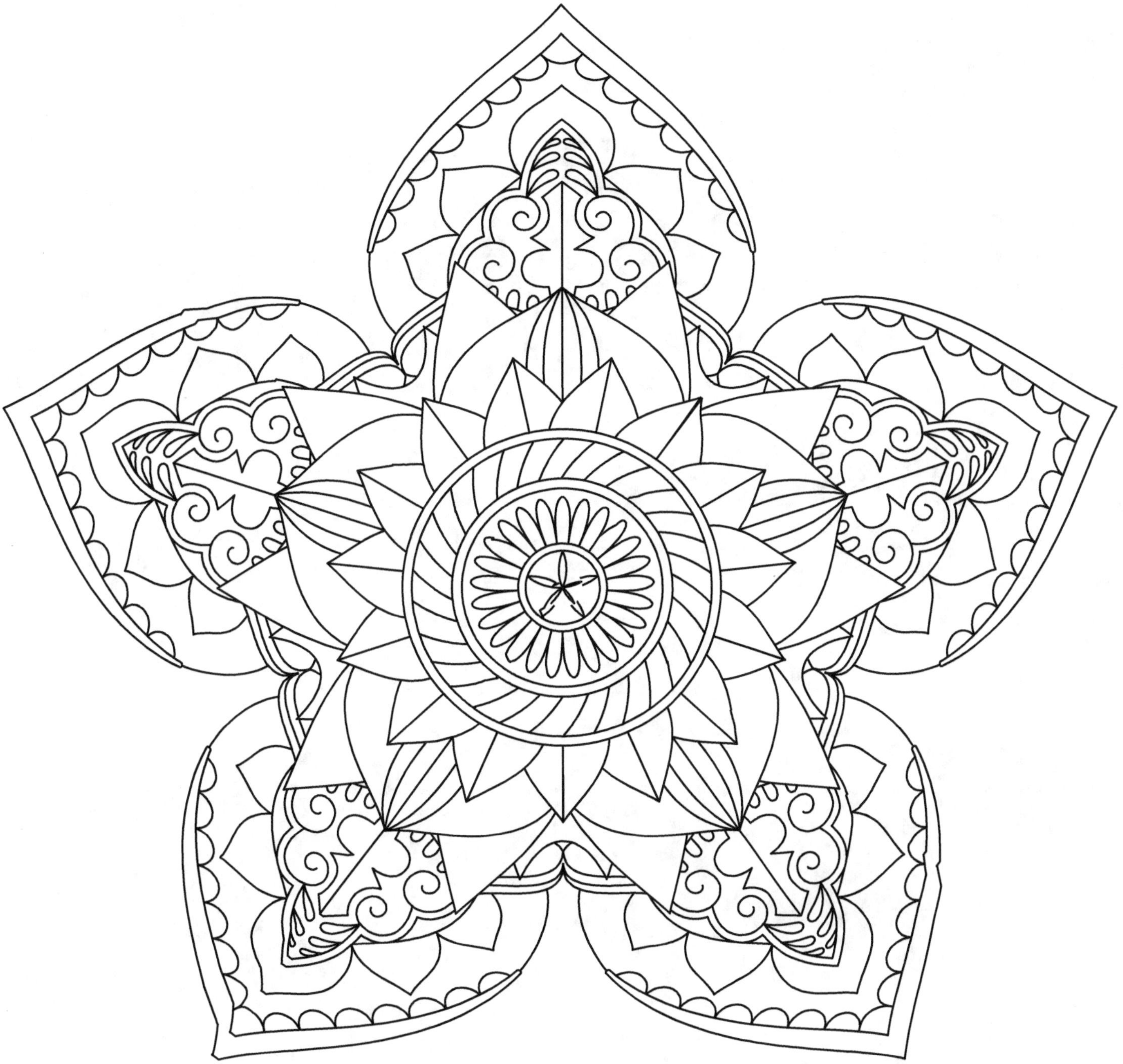

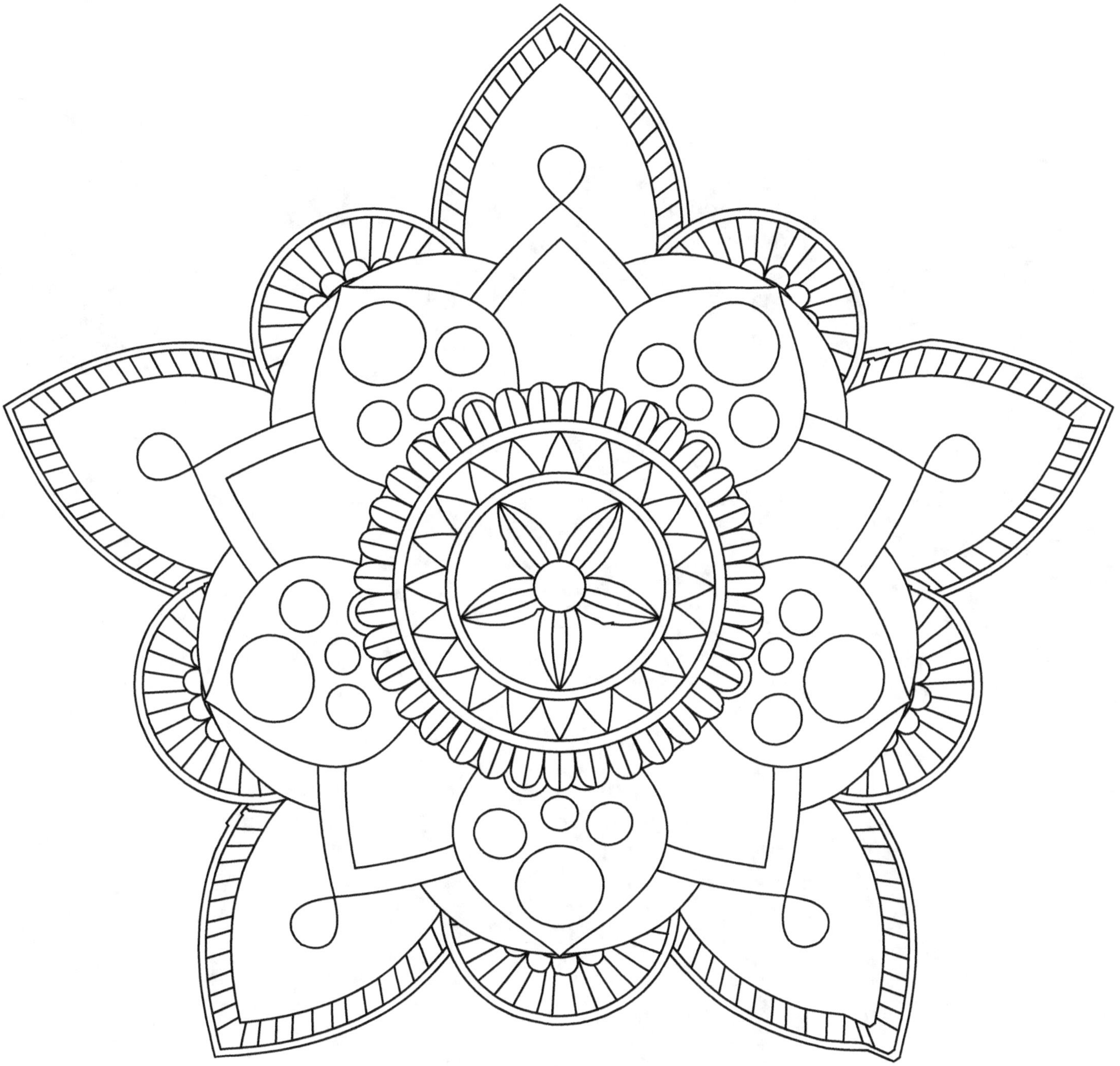

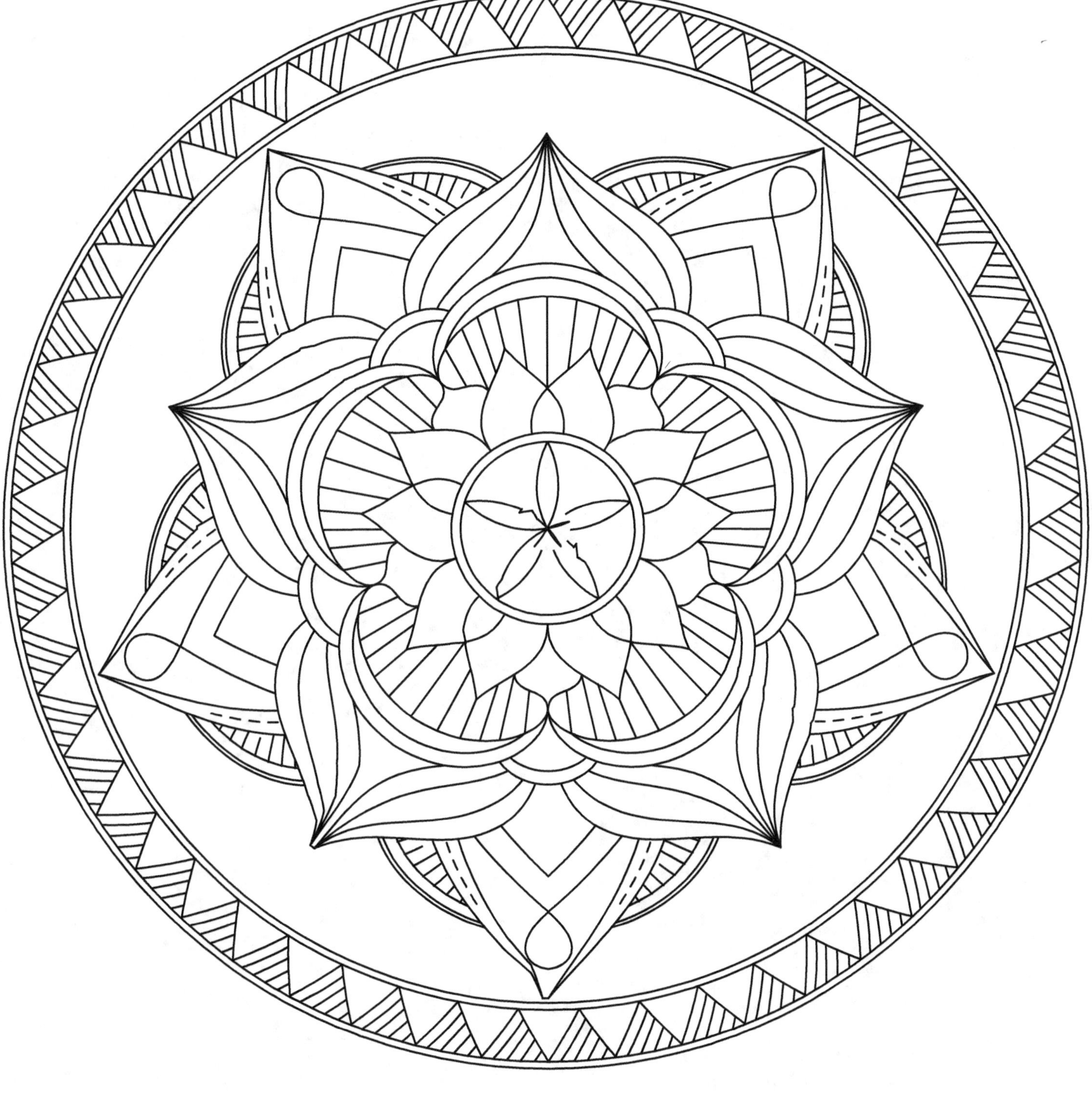

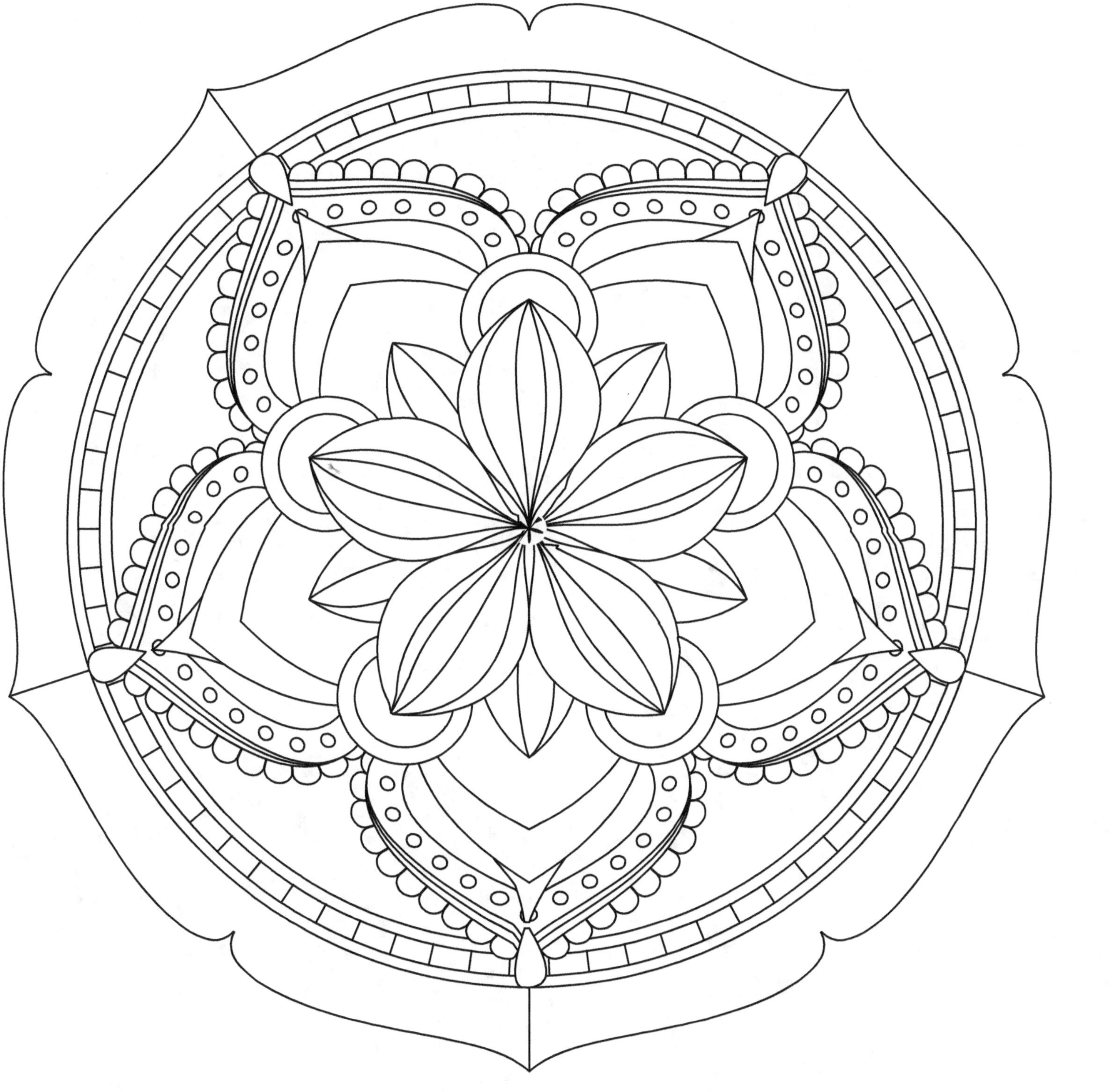

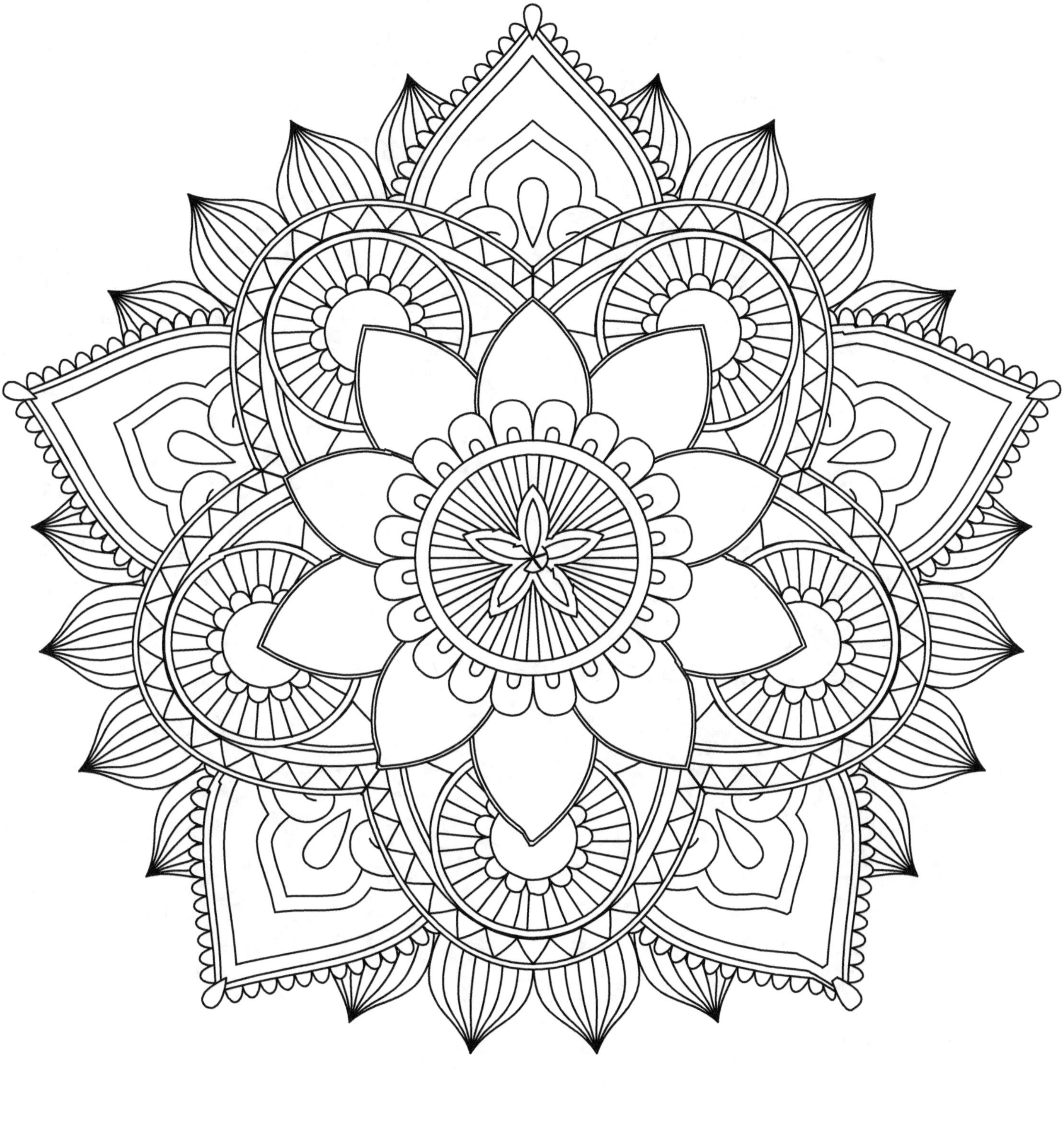

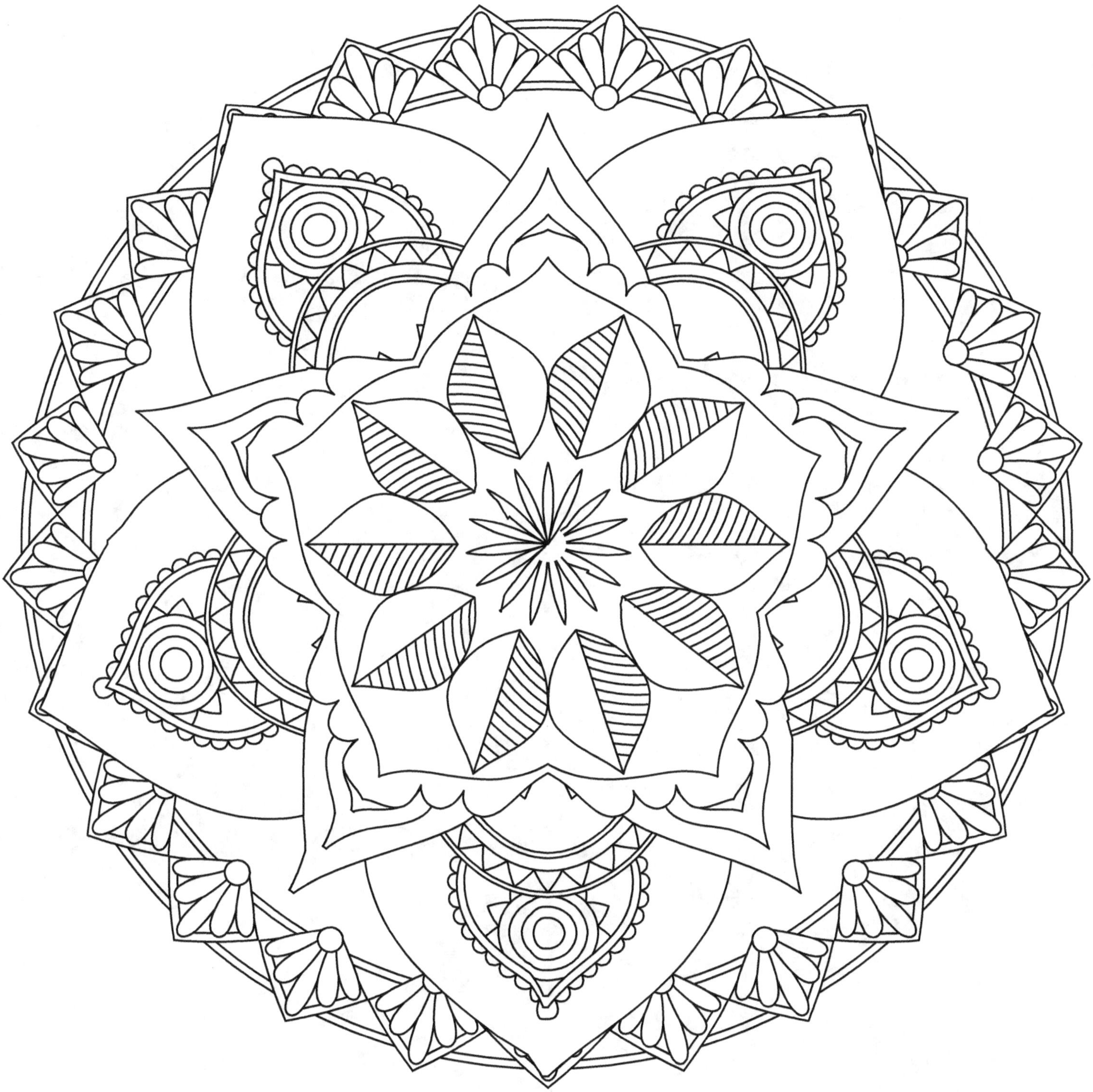

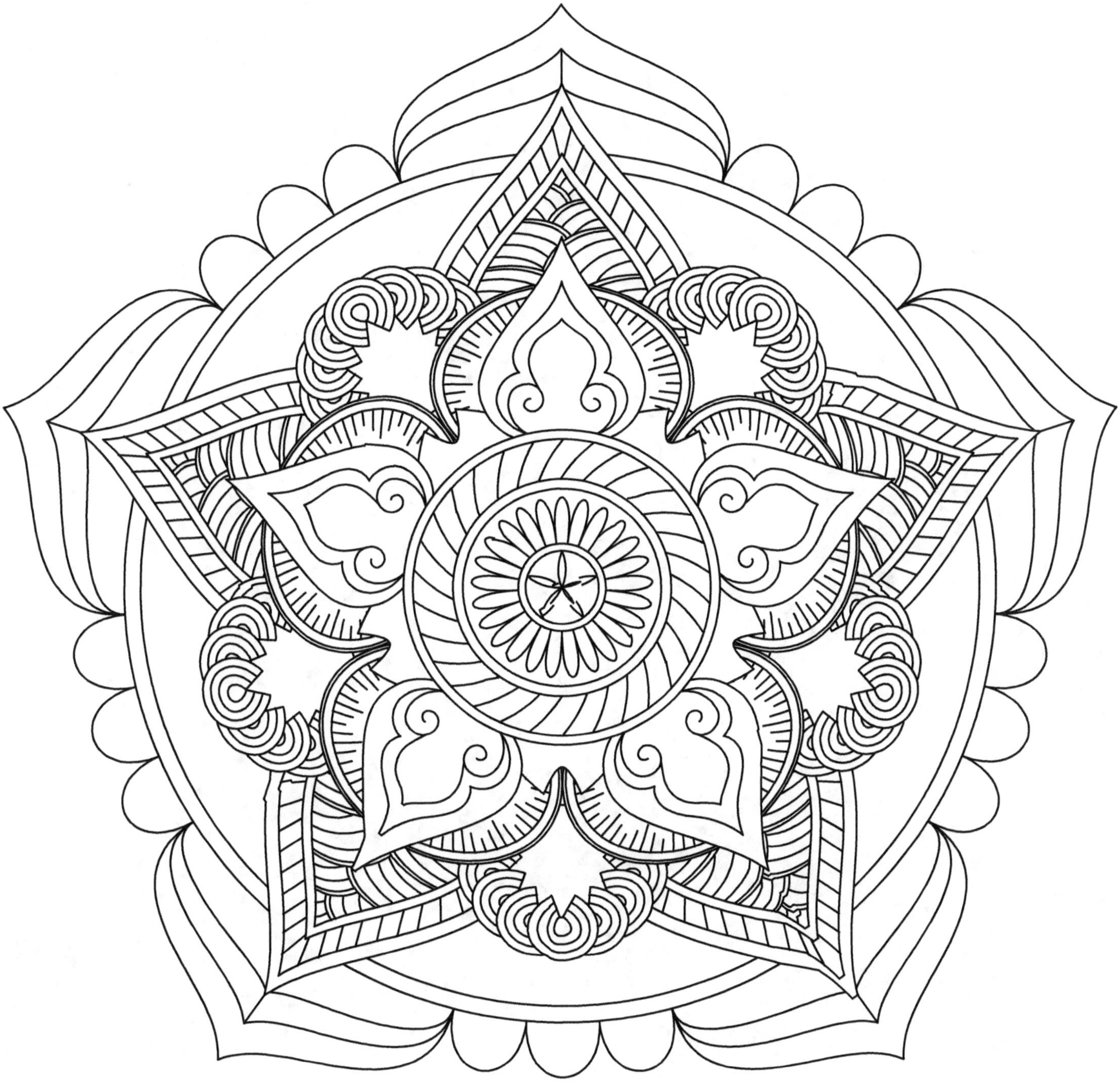

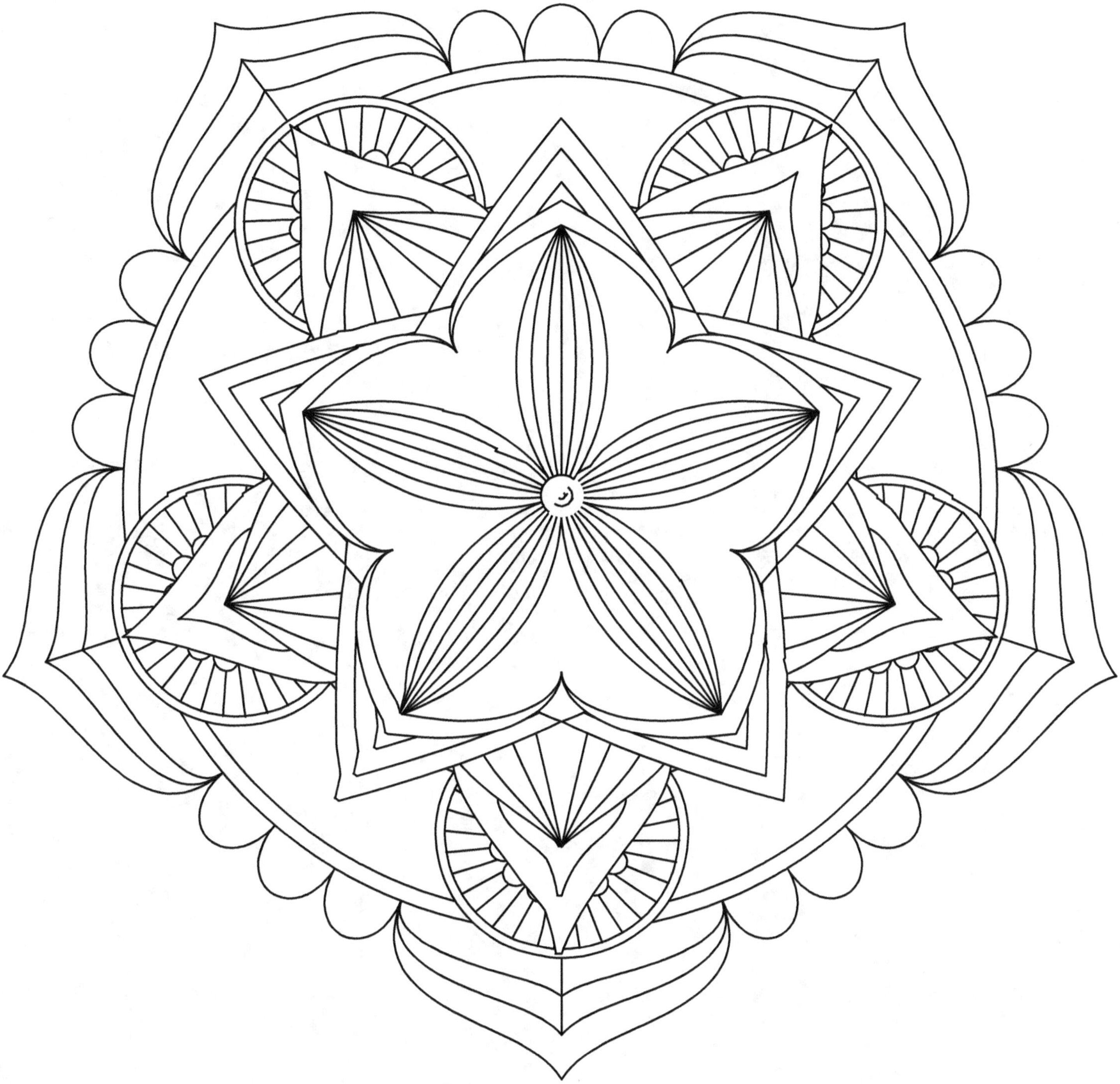

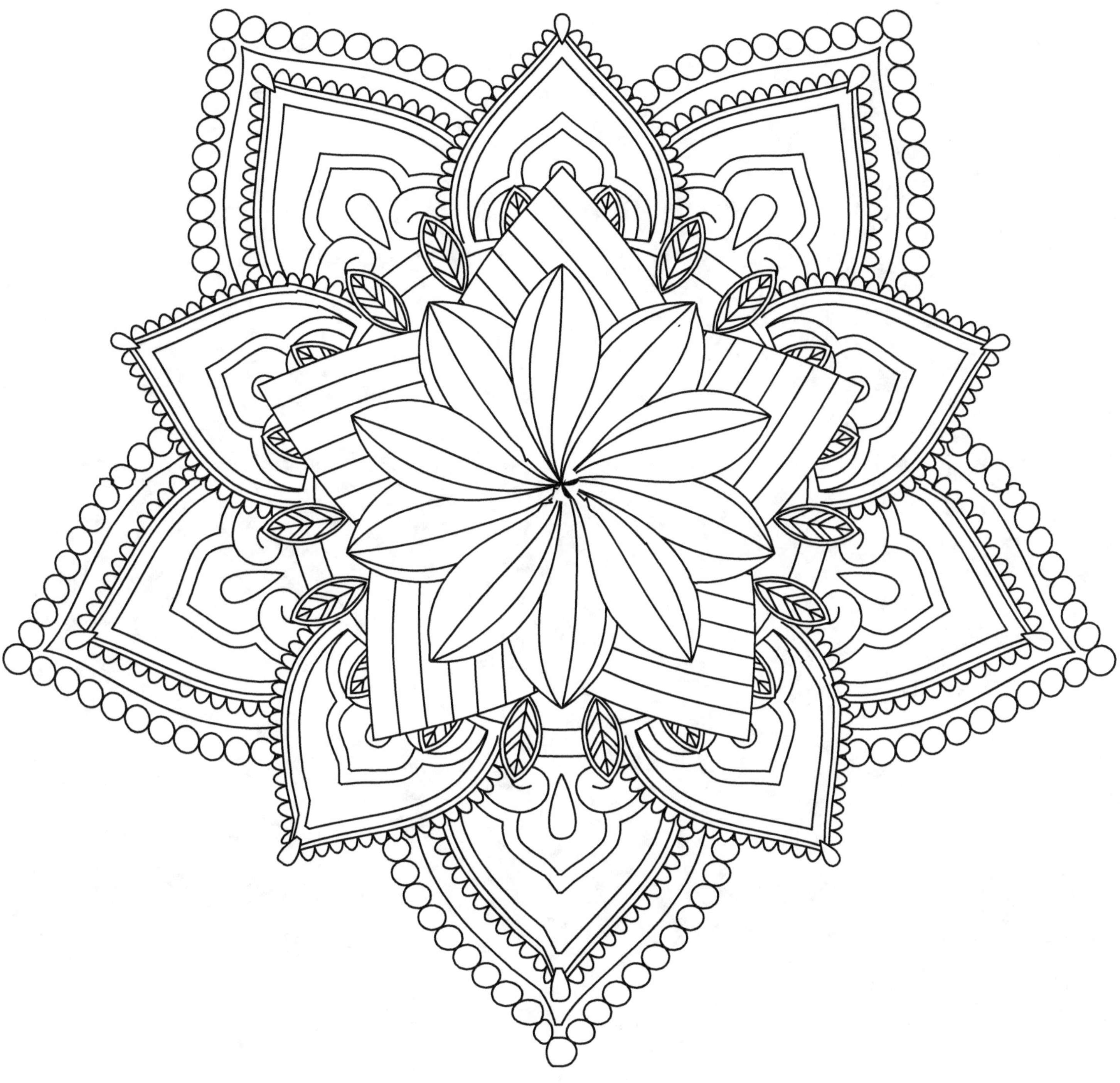

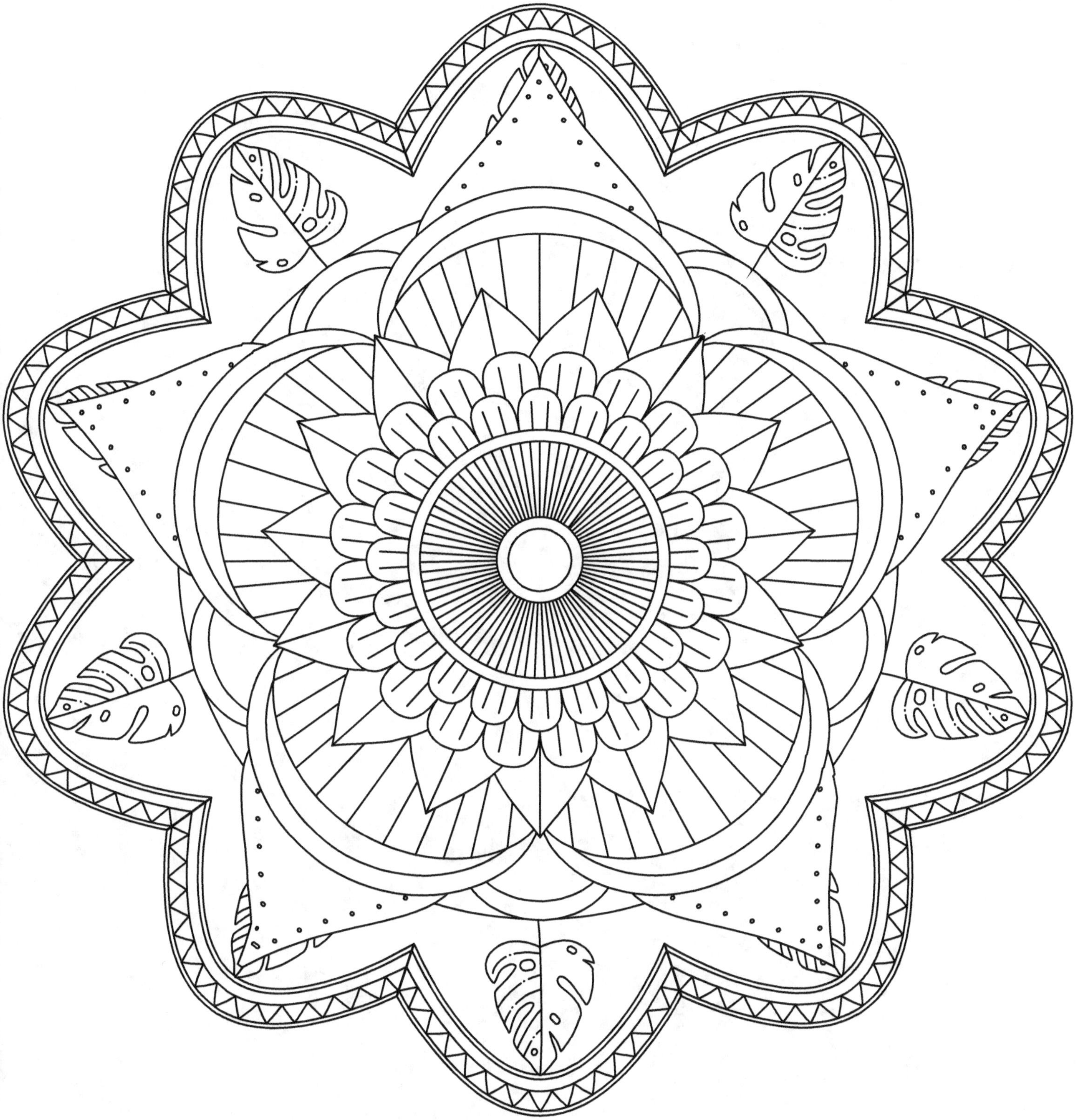

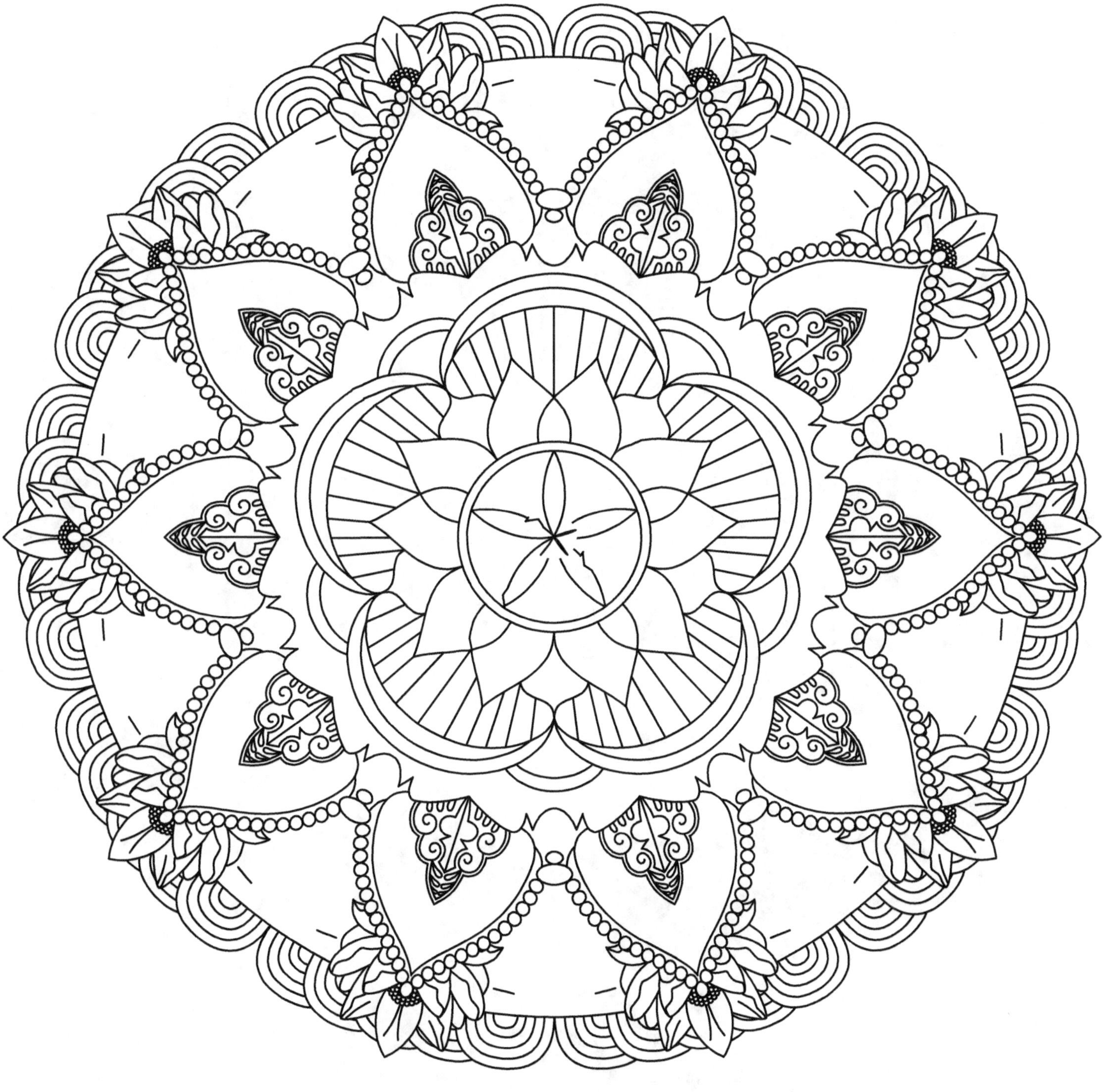

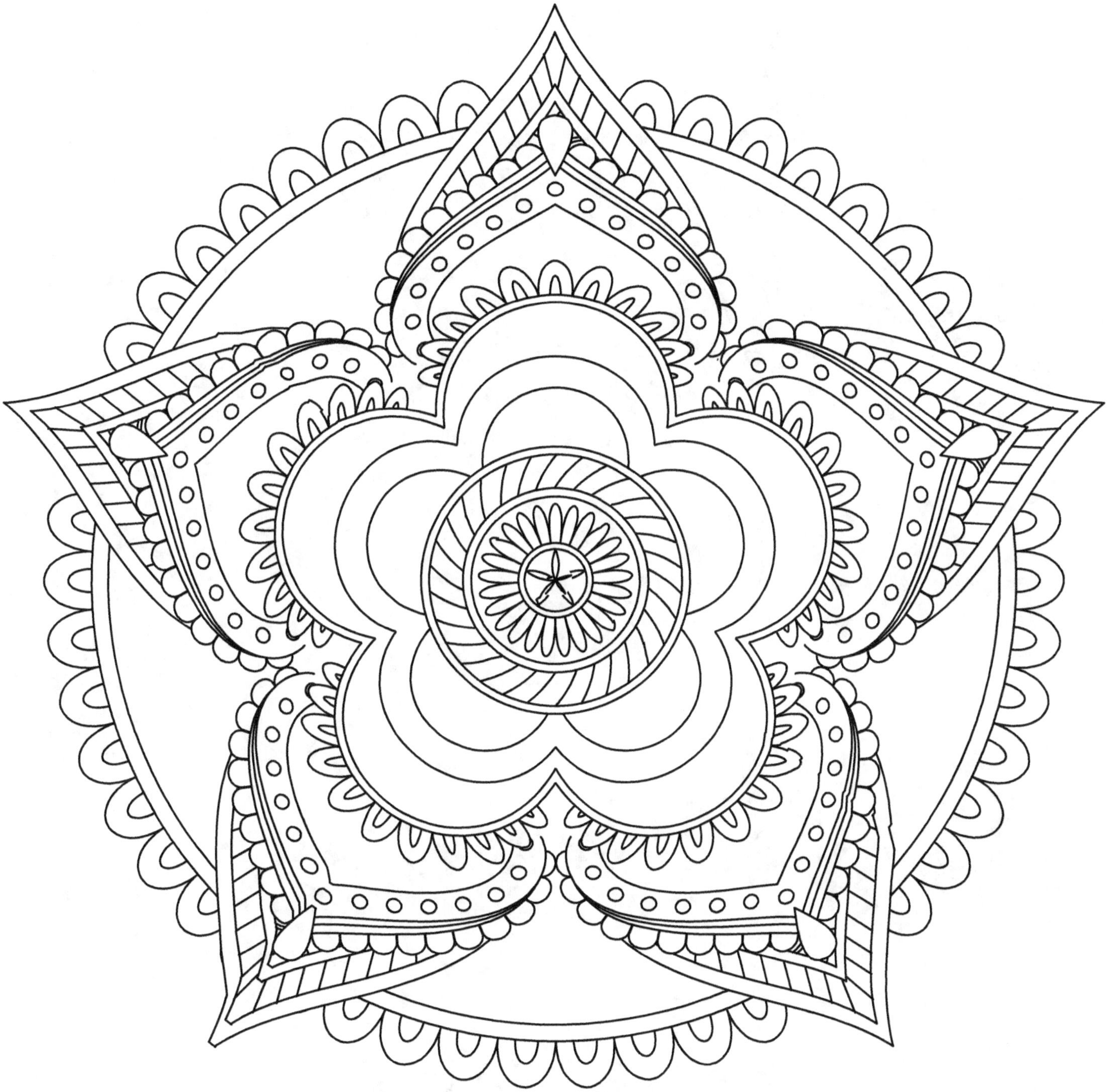

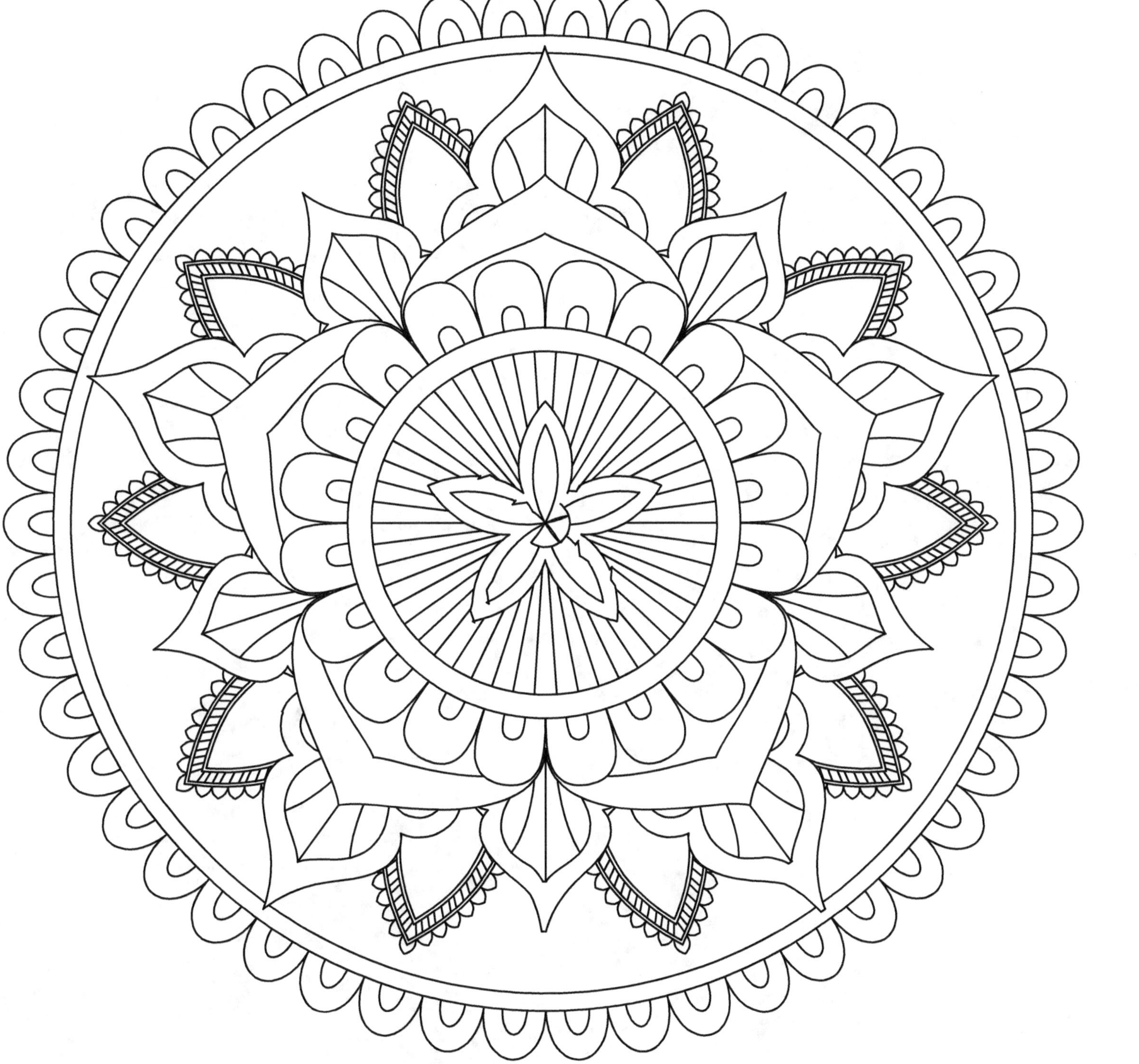

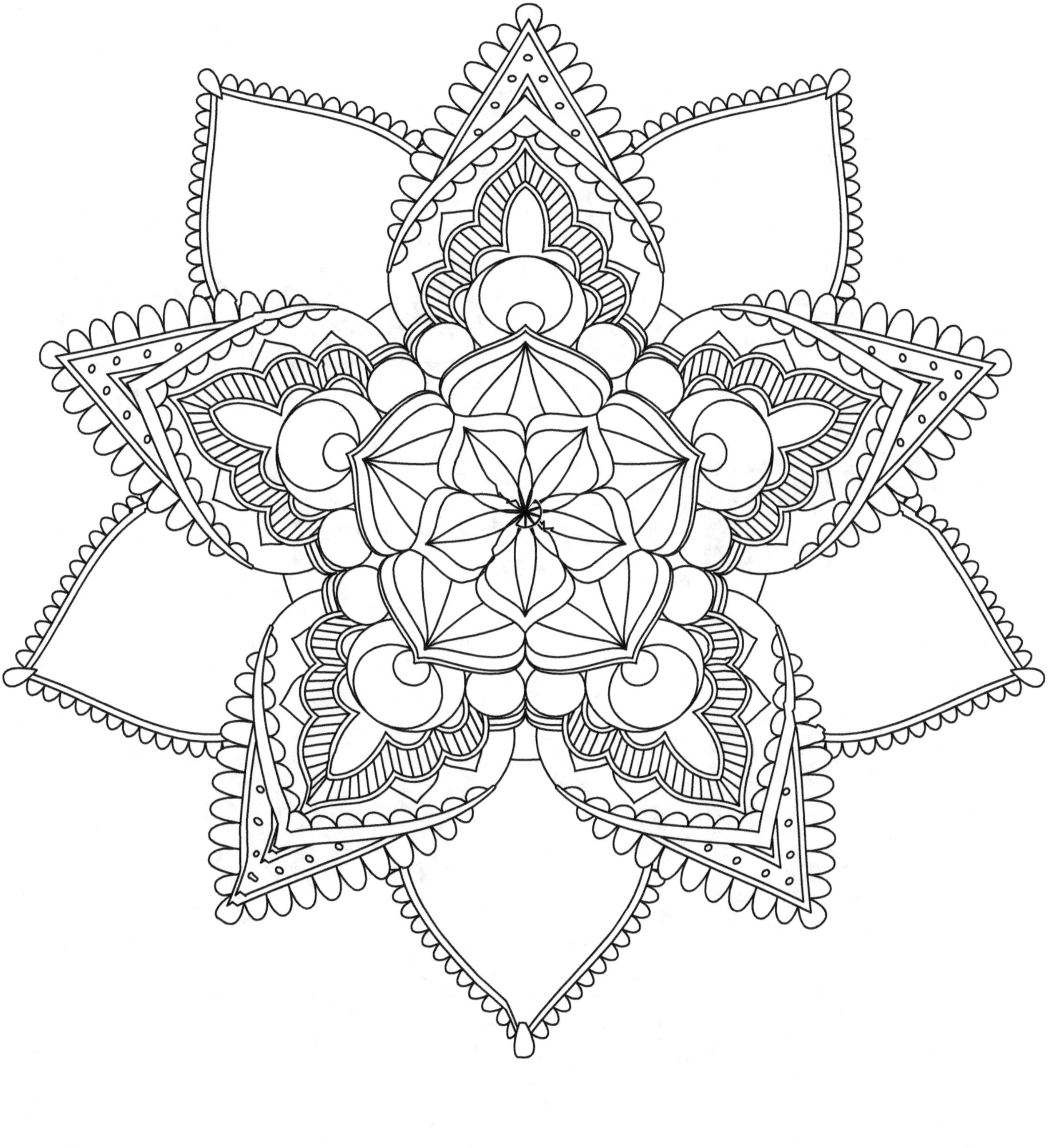

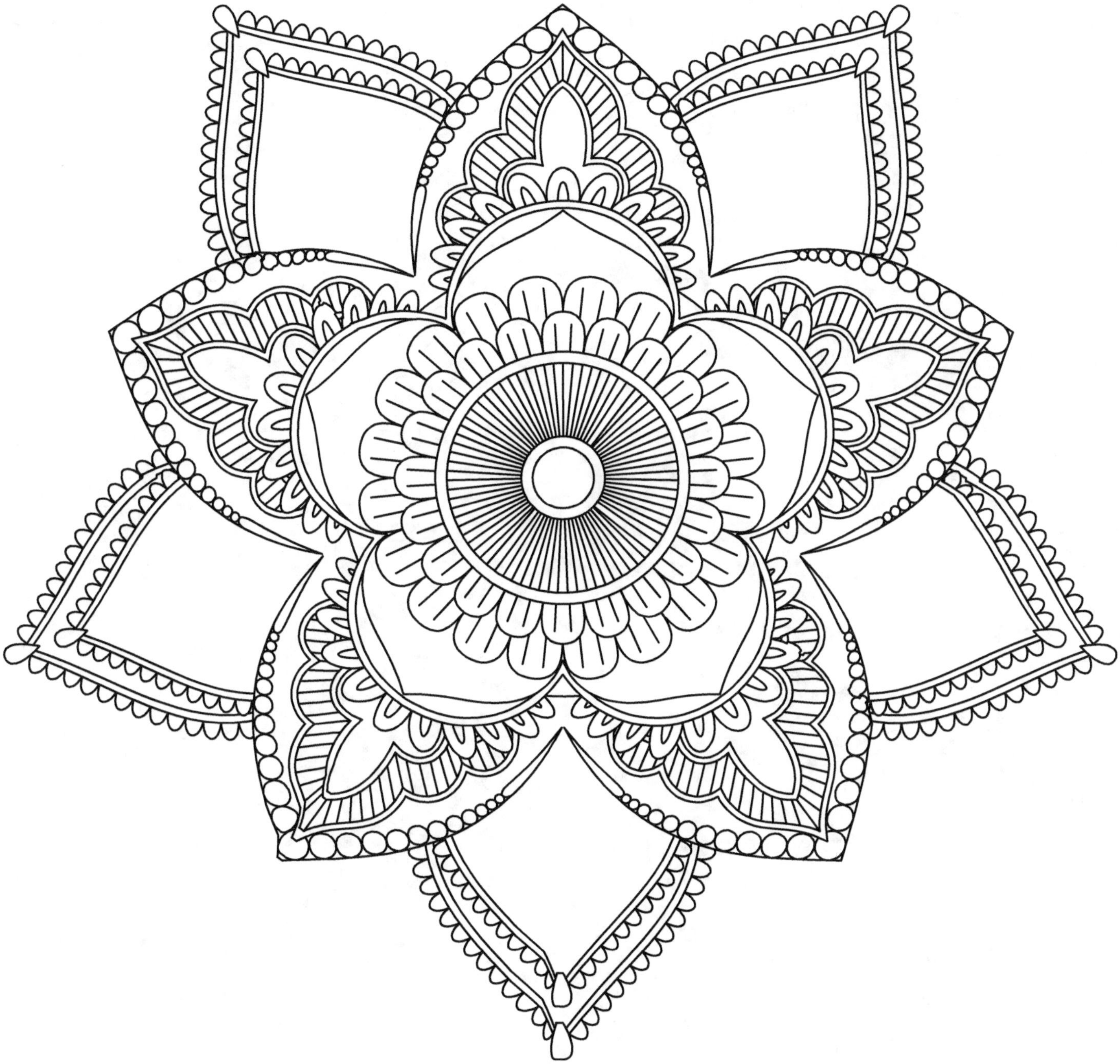

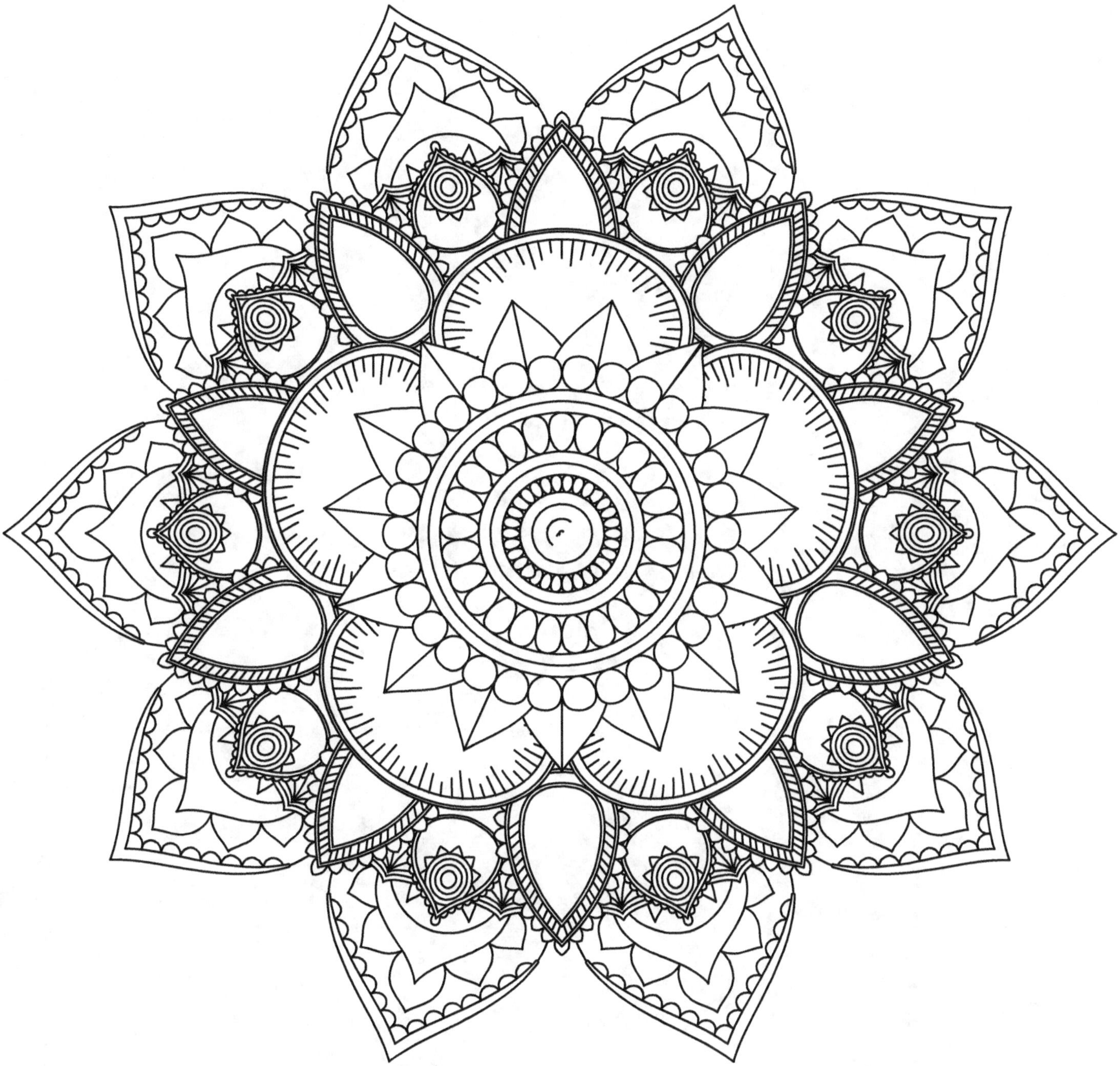

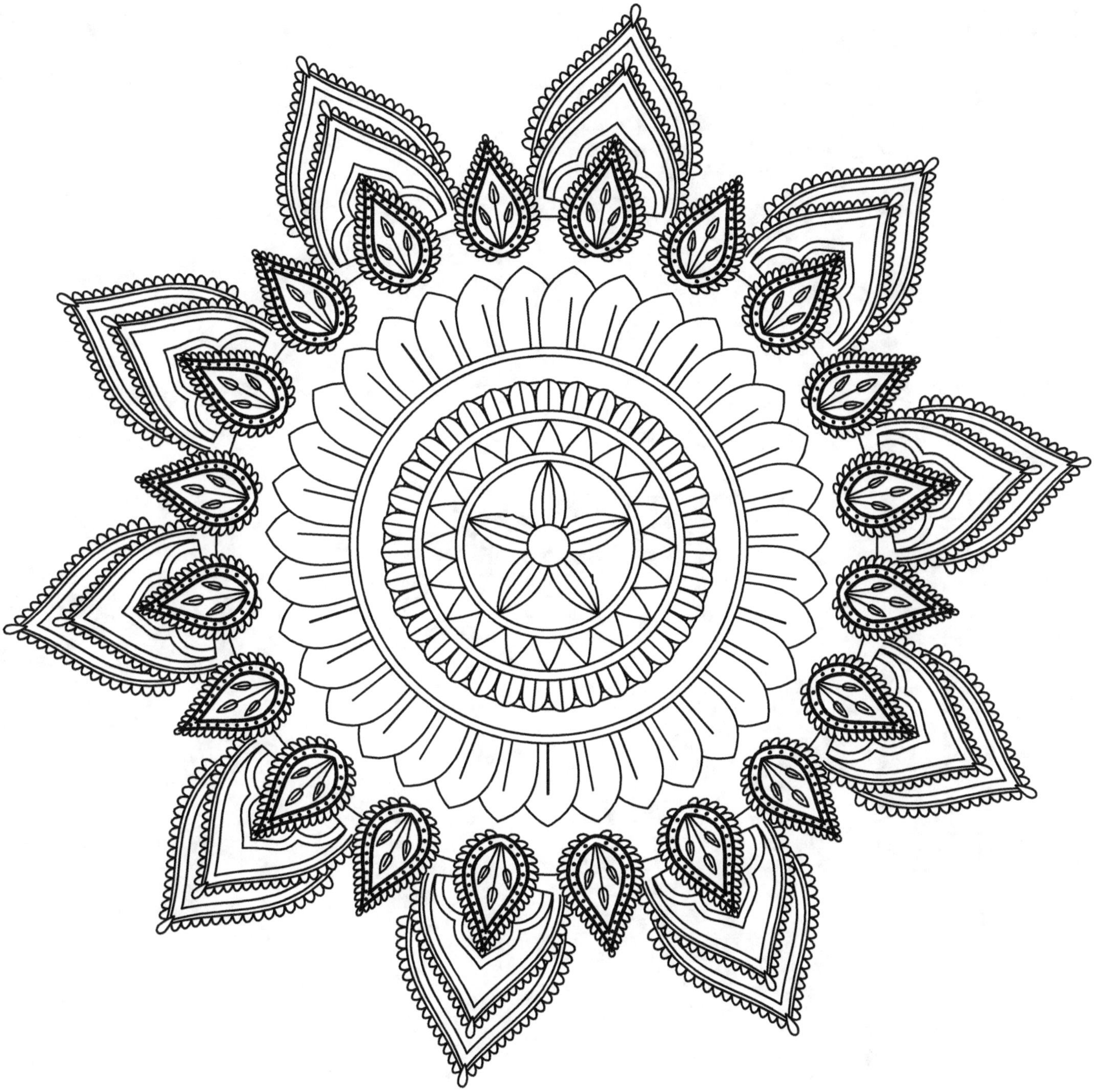

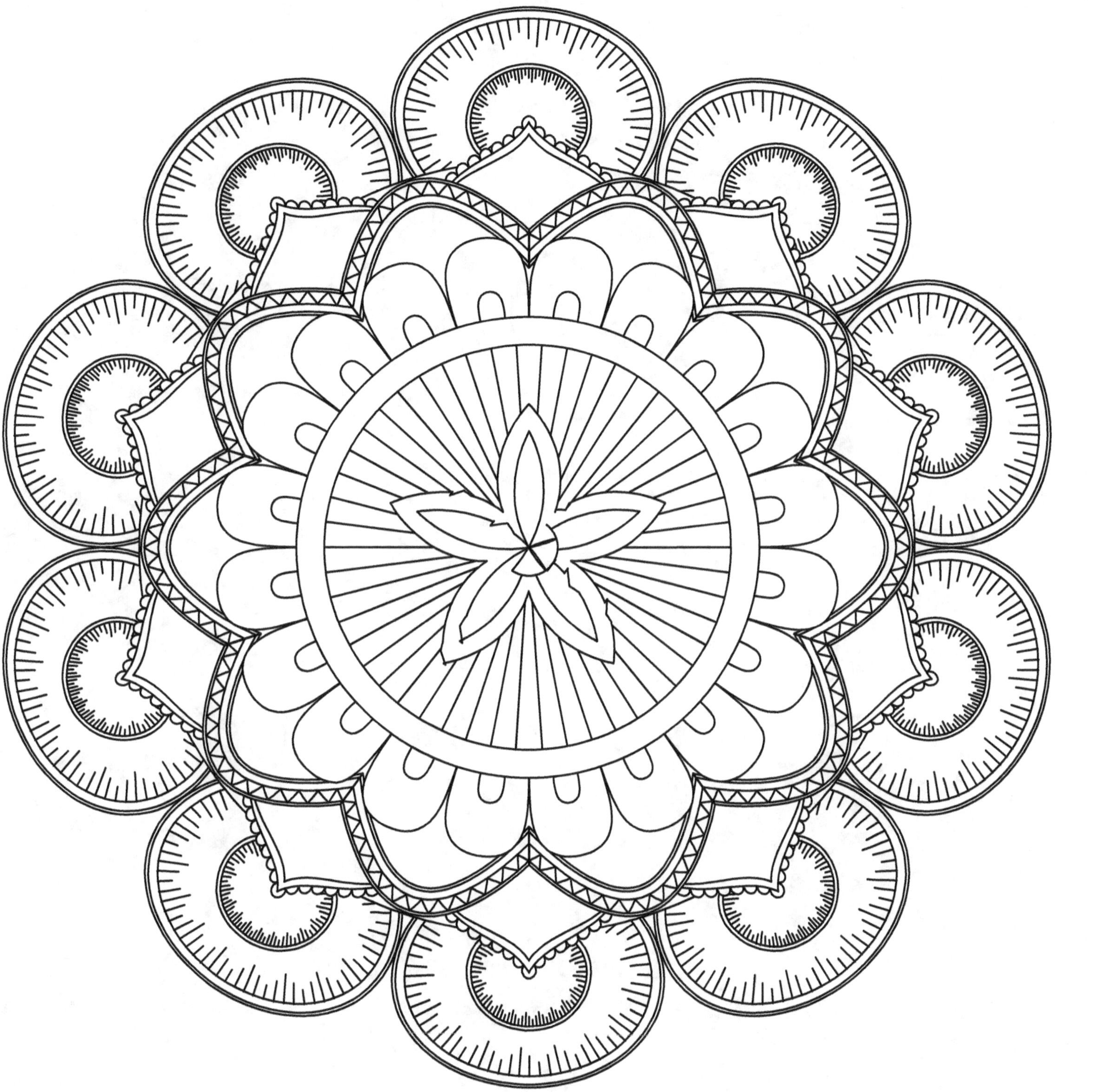

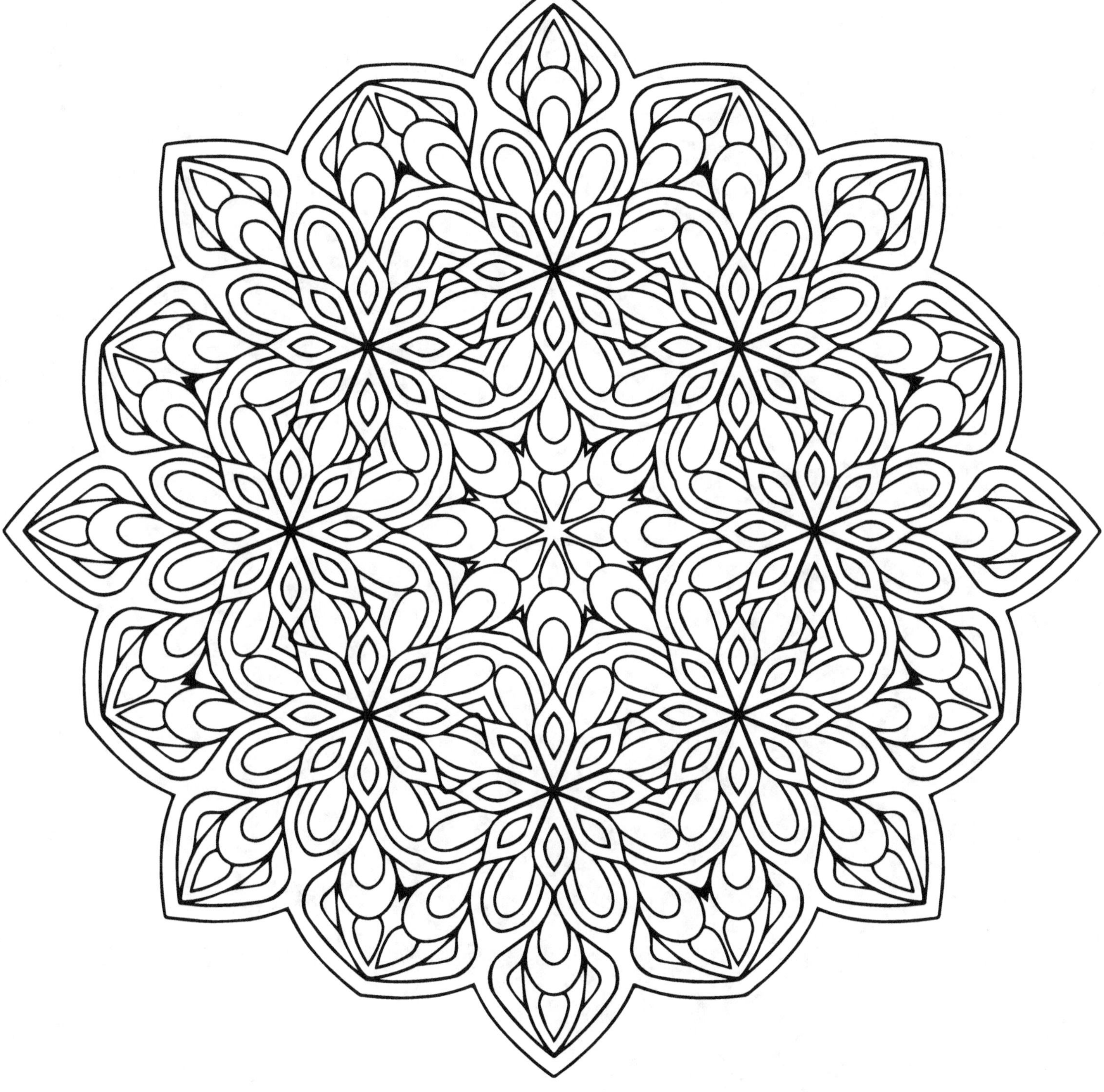

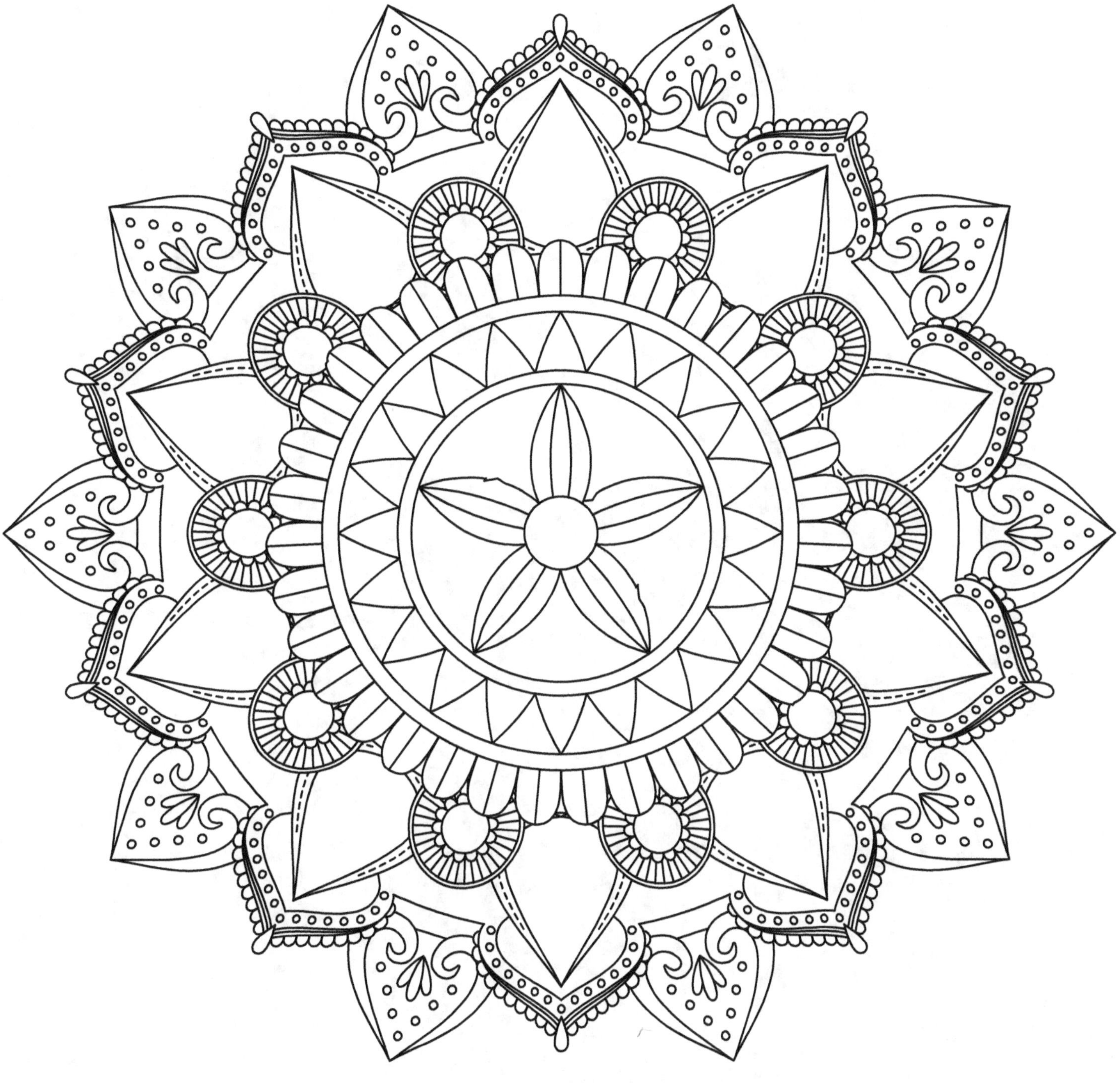

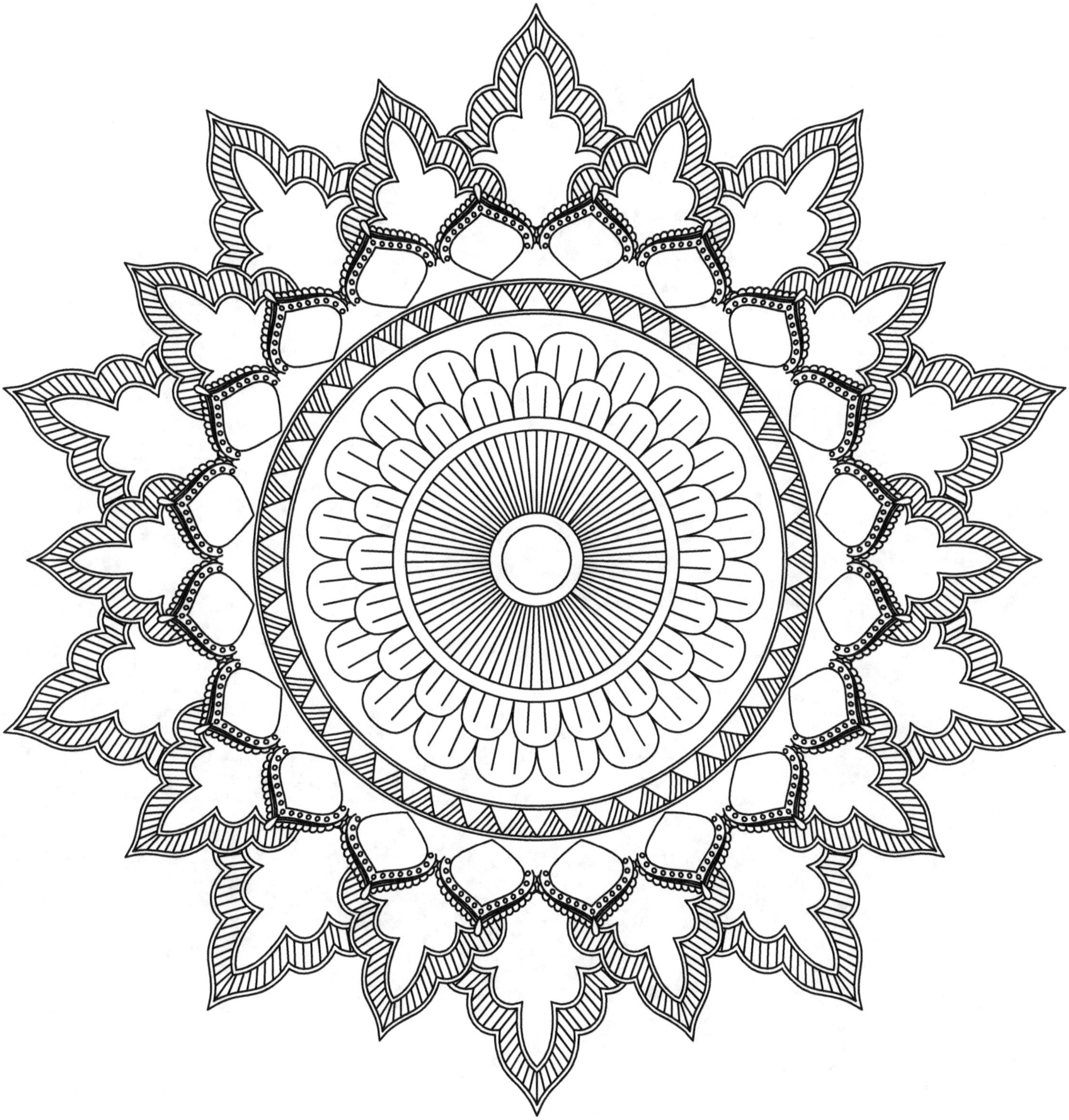

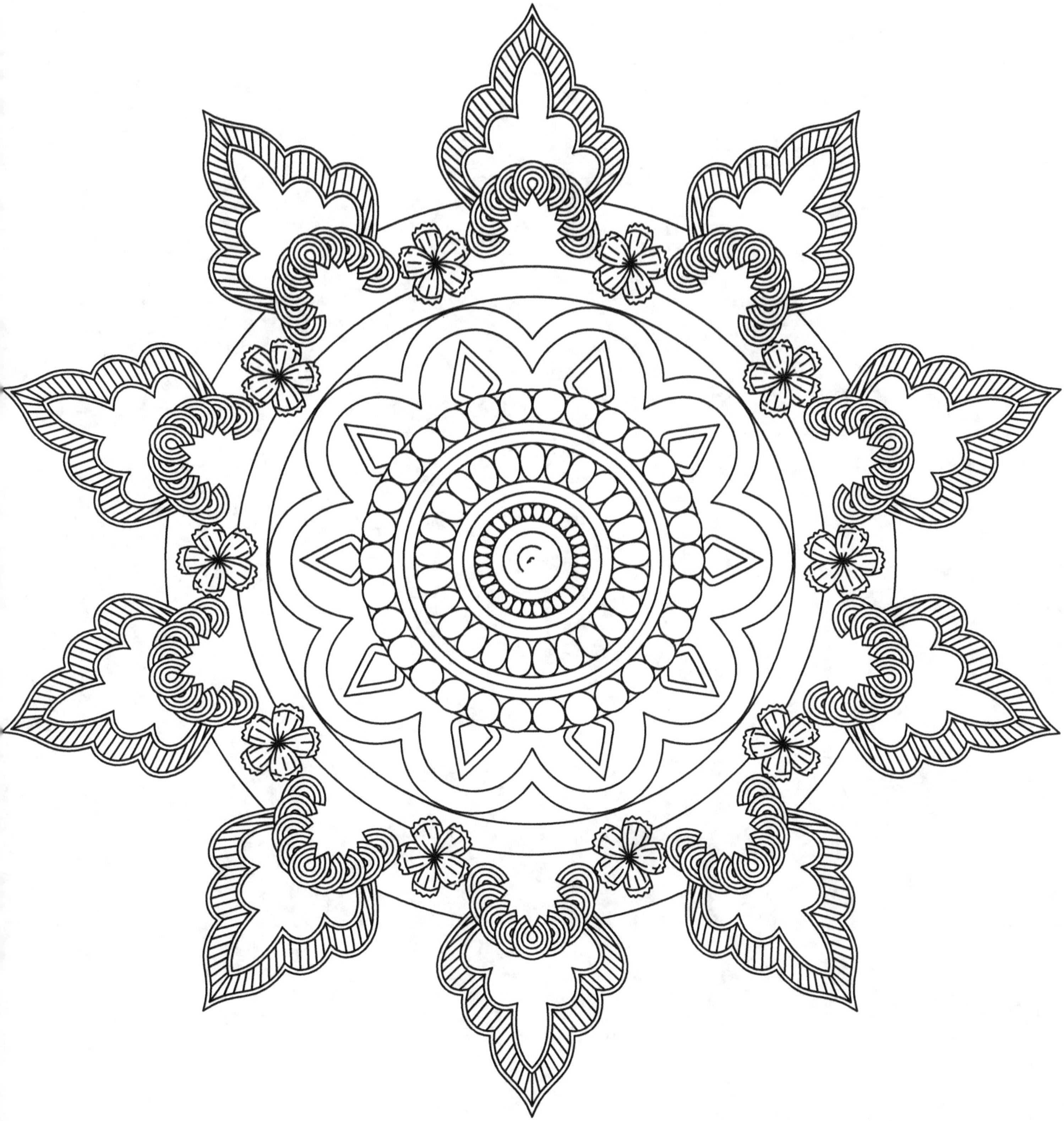

www.ingramcontent.com/pod-product-compliance
Lightning Source LLC
Chambersburg PA
CBHW080937220526
45465CB00008BA/3077
* 9 7 9 8 6 4 4 0 5 1 1 4 4 *